山东社会科学院出版资助项目
山东社会科学院博士专项项目

跨国公司垂直分离化研究

顾春太 著

Research on Vertical Seperation of Multinational Corporation

中国财经出版传媒集团

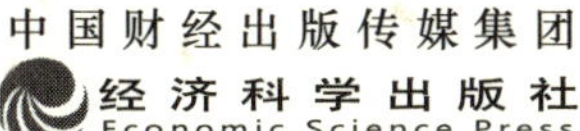

图书在版编目（CIP）数据

跨国公司垂直分离化研究／顾春太著．—北京：经济科学出版社，2021.4
ISBN 978－7－5218－2481－0

Ⅰ.①跨…　Ⅱ.①顾…　Ⅲ.①跨国公司－企业管理　Ⅳ.①F276.7

中国版本图书馆CIP数据核字（2021）第060992号

责任编辑：宋艳波
责任校对：孙　晨
责任印制：李　鹏　范　艳

跨国公司垂直分离化研究
顾春太　著
经济科学出版社出版、发行　新华书店经销
社址：北京市海淀区阜成路甲28号　邮编：100142
总编部电话：010－88191217　发行部电话：010－88191540
网址：www.esp.com.cn
电子邮箱：esp@esp.com.cn
天猫网店：经济科学出版社旗舰店
网址：http://jjkxcbs.tmall.com
北京季蜂印刷有限公司印装
710×1000　16开　11.75印张　200000字
2021年4月第1版　2021年4月第1次印刷
ISBN 978－7－5218－2481－0　定价：46.00元
（图书出现印装问题，本社负责调换。电话：010－88191510）

前　言

自20世纪末开始，随着科学技术革命的迅猛发展，企业发展的环境发生了较大的变化，主要表现为标准化零部件的生产和供应呈现出被半成品模块的生产和供应逐步取代的趋势，市场供应与需求具有越来越强烈的不确定性，产品升级换代速度大大加快，生命周期不断缩短。在新的形势下，传统的、被许多大型跨国公司一致推崇的纵向一体化战略面临着越来越多的局限。为了增强企业经营的灵活性、主动性，汽车、电子、通信等诸多产业的跨国公司开始主动调整产业链条，将一些利润率较低的环节转移出去，转而主攻本企业最具有竞争力的环节和领域。跨国公司生产链条垂直分离化作为经济发展中的一种新现象出现了。

跨国公司垂直分离化是指跨国公司将原来在企业内部的纵向链条上的生产过程分离出去，或者说从价值链体系的某个阶段中撤离出来，转而依靠外部供应商来供应所需产品、支持服务或者职能活动。这一概念包含三个方面的内涵：跨国公司垂直分离化是企业从现实边界向虚拟边界的转变，是企业网络组织的形成过程，是企业垂直专业化生产的形成过程。本书在介绍跨国公司垂直分离化的度量方法的基础上，选取了垂直专业化指数的方法，对近年来跨国公司垂直分离化的发展趋势进行了度量，主要呈现出三个方面的特征：自进入21世纪以来跨国公司垂直分离化发展速度明显加快；从其区位结构看，跨国公司垂直分离化在发达国家起步较早，但在发展中国家发展速度较快；从其行业结构看，中高技术行业的垂直分离化水平要高于中低技术行业。跨国公司垂直分离的过程主要通过发展战略性外包、设立虚拟组织等方式实现。

跨国公司垂直分离现象的出现有着深厚的原因，可以以企业核心竞争力的理论进行解释。企业核心竞争力的状况受到多种因素的影响。随着经济形势的变动，特别是模块化生产方式的出现、消费需求的进一步细分、信息技术的发展，企业的竞争优势发生了位移。新的历史条件下，跨企业生产网络的形成给企业带来了异于纵向一体化的新优势。主要包括三个方面：通过实施垂直分离和网络构建，企业获得了生产经营的灵活性；通过对外转移生产环节，将自身的经营领域集中，引导规模经济向生产环节内部发展；实施垂直分离化的企业间结成网络，可以集中网络内企业的优势打造最具竞争力的产品。

跨国公司垂直分离化的发展改变了全球经济发展的轨迹。在垂直分离化的影响下，全球贸易结构有了新的特点和趋势，主要表现为以服务贸易为代表的生产链垂直贸易兴起并朝着加速化、高科技化的方向发展，其中，发达国家发展的速度更快。跨国公司垂直分离化在加强跨国公司对产业纵向控制的同时，还给发展中国家产业发展带来了机遇。此外还推动了生产性服务业的发展，改变了全球的产业结构。跨国公司新趋势的发展还带动了科技资源配置的全球化，有利于发展中国家的技术进步。跨国公司垂直分离化促进了全球产业链和产业空心化的发展，使世界经济波动风险面临被放大的危险。

作为一个开放度较高的国家，中国的发展受到跨国公司生产变动的深远影响。跨国公司垂直分离化的发展引起了跨国公司对华产业转移的重构，带来了我国产业升级的“马太效应”，强化了跨国公司对纵向生产链条的控制与压榨，加剧了我国对外贸易的低水平扩张。面对跨国公司垂直分离化给我国经济发展带来的机遇和挑战，我国应当立足于主动调整，积极改善经济发展环境，补足经济发展的“短板”，推动经济的稳定、协调发展。建议采取以下措施：强化开放引领，提高对外开放的水平；建立产业攀升机制，构建现代产业体系；高度重视经济园区发展，打造新形势下对外经济合作的平台；转变资源利用方式，提高区域集约发展；提高区域自主创新能力，促进创新性区域建设；实施协同发展战略，建立各区域间良性循环的互动机制；营造可持续发展的环境，为我国承接新型产业转移提供有力支持。

目录
CONTENTS

第1章

绪　论

1.1　问题的提出

目前，跨国公司的经营战略正在经历一场巨大的变革，从而引领了一场新的企业管理战略潮流的到来：越来越多的跨国公司正在或试图根据竞争环境的发展变化调整企业边界，加快剥离非主营业务，大幅度收缩经营范围。作为“富可敌国”的经济体，跨国公司在世界范围内掀起的经营战略的变革必将对世界经济发展产生重大影响。

从初始海外直接投资开始，跨国公司的经营战略大致经历了四个发展阶段。

（1）第二次世界大战以前是以独立子公司为主的发展阶段，主要特征为跨国公司在东道国设立相对独立运作的子公司，所有权控制是母子公司之间联系的主要方式。子公司仿效母公司的管理体制、组织形式在相对独立的目标市场上开展经营，具有较大的自主权。

（2）第二次世界大战以后至20世纪60年代为简单一体化阶段。这一经营战略的显著特点是母公司通过寻求外部资源，将东道国的区位优势转化为跨国公司的经营优势，把

"当地生产"变为母公司整个国际化生产体系的一部分。子公司作为母公司价值链的一个环节，通常不能独立存在。

（3）20 世纪 70 ~80 年代是跨国公司复合一体化发展的时期。跨国公司的经营战略从以服务当地市场为主向适应全球市场方向转变。通过大规模的并购，把产业价值链放在全球不同区位，以利用专业化分工优势、以全球市场为目标争取行业领先地位，放眼全球资源和市场，把各种功能——融资、研发、零部件生产、总装、营销、培训等安排到能最好地实现公司总体战略的国家和地区，由此催生了一大批规模极大、富有市场竞争力的企业集团，但也造成了对一体化的过度崇拜。有的企业盲目追求大而全，使生产环节过长，造成企业整体绩效下降。

（4）20 世纪 90 年代中期以来，特别是进入 21 世纪以来，很多跨国公司开始对这种经营模式进行反思，再次对企业与市场的边界重新定位，从而引领跨国公司经营战略第四次调整浪潮的到来：垂直分离化战略新时期。目前，这一新趋势已经在全球范围内蔓延。通用电气（GE）、诺基亚等跨国公司通过出售和撤销非核心业务部门和机构的方式进行人员和资产的重组以及企业发展方向的调整。奔驰等公司则通过收购相关企业加强了自身主业的市场竞争力，而更多的跨国公司开展了形式多样的外包（Outsourcing）。与 20 世纪相比，企业间的混合兼并大大减少，就连过去被视为必然的纵向合并也日益下降，取而代之的是，企业更加注重资源外取，把过去由纵向结合而成的大企业按生产环节分开，采取各种灵活合作方式，强调与其他公司甚至是竞争对手的合作。

跨国公司垂直分离化过程与企业通过新建或并购方式形成外部交易"内部化"的过程相反，是内部交易"外部化"的过程，从表面上看属于企业经营范围的撤退，但它并不是对以往企业一体化经营的否定或纠正，而是在新的形势下企业为了提高市场竞争力的需要而主动采取的战略转移，是企业经营战略经历的一次"否定之否定"的螺旋式上升的过程。跨国公司经营战略的大转变给我们带来了许多值得思考的问题：如何从理论上解释其成因？跨国公司战略转变对世界经济特别是东道国经济产生什么影响？像中国这样的发展中利用外资大国应当如何趋利避害？这些都是当前亟待解决的问题。

1.2 研究意义

1.2.1 研究的理论意义

理论来源于实践，实践推动理论的发展。深入研究跨国公司经营战略的新变化，有利于进一步深化对跨国公司行为规律性的认识，因而具有重要的理论意义。

首先，本书的研究有助于完善国际直接投资的研究框架，特别是对国际直接投资和管理学相结合的研究进行有益的补充与理论创新。随着经济全球化的日益发展和国际分工的不断深化，跨国公司及其国际直接投资开始迅速增长，成为世界经济发展的主导因素。国内外学术界许多专家学者针对国际直接投资的发展及其对世界经济各个领域产生的影响，从不同的角度进行了广泛讨论。从总体上看，对国际直接投资理论的研究主要沿着两条路线展开：不完全竞争条件下以产业组织理论为基础的研究路线［以海默（Hymer）和金德尔伯格（Kindleberger）的垄断优势理论、巴克乐（Buckley）和卡森（Casson）的内部化理论为代表］、完全竞争条件下以国际贸易理论为基础的研究路线［如费农（Vernon）的产品生命周期理论和小岛清（Kojima）的比较优势投资理论］。上述理论虽然内容各异，但都指向一个共同的结论：跨国公司之所以开展国家间的投资是因为跨国公司在生产或管理方面具有某种优势。这一观点可以很好地解释跨国公司以前的国际直接投资行为，但现在我们却观察到一个相反的现象：更加具备优势的跨国公司在经营范围选择了战略性的撤退。新的现实要求我们以新的理论或从新的角度加以解释。此外，现有的国际直接投资理论大多从宏观的层面入手研究。近年来，伴随着国际直接投资的快速发展，跨国公司这一微观组织所具有的内涵以及对世界经济的作用几乎是全方位和史无前例的。从跨国公司行为特征的角度研究国际直接投资问题有助于我们在更深层次上深化对国际投资规律的认识。本书将国际直接投资和管理学结合起来进行研究有着比以往更深的意义。

其次，本书的研究在一定程度上有助于丰富和发展企业管理理论。管理理论的发展源于企业成功的实践。跨国公司经营理论的发展也是如此。为了建立一套理论演进和逻辑分析体系，本书将深入研究企业理论和企业战略理论，根据对企业本质的分析，对企业经营战略理论加以评价，在此基础上论证企业纵向一体化经营在新的竞争环境下的弊端、必然存在的经营风险和跨国公司实施垂直分离化战略的成因、实施方式。预期成果将有助于人们深化对企业管理发展规律、企业边界和范围界定的认识，从而推动企业管理理论的发展。

1.2.2 研究的现实意义

本书将在对跨国公司经营战略变化理论分析的基础上，重点探讨跨国公司经营战略的改变对世界经济的影响，特别是对跨国公司投资东道国以及对企业自身发展的影响，从政府和企业两个层面上提出应对这一变化的措施建议。这是一个实践性较强的问题，不仅可以为相关部门制定对外经济合作的政策措施提供智力支持，还能为更多的企业提供参考，对经济的发展具有重要的意义。

首先，为我国进一步完善利用外资的政策措施提供理论依据和智力支持。经过多年的发展，我国已经成为吸收外资最多的国家。今后，我国利用外资面临着两大任务：一是在继续扩大利用外资规模的同时提高利用外资的质量；二是进一步提高外商投资企业在我国经济发展中的作用。本书的研究与上述两大任务密切相关。一方面，跨国公司垂直分离化战略的事实将直接影响到国际资本流动的区位选择。跨国公司在实施垂直分离化战略的过程中，必然对本公司的业务范围进行调整，放弃一些产品的生产、增加一些分支机构的投资，从而引起投资空间分布的变革。在此过程中，东道国利用外资的总体行业结构、主体结构等都会受到影响，利用外资的规模和质量都相应会受到影响。另一方面，从博弈论的角度讲，外资企业在东道国发挥作用的性质以及作用的大小受到管理部门和跨国公司两方面因素的影响。跨国公司垂直分离化战略的实施带来了跨国公司行为的转变，特别是外包的迅猛发展。这就使跨国公司在投资生产之外又多了一重选择，在可预见的将来，不能否认跨国公司有利用这种优势同东道国讨价还价的可能，一旦变为现实，必将对东道国经济增长带来影响。从这个角度讲，我国作为一个利用外资较多的国家，不能对跨国公司的这一变化视若不见。加强对跨国公司垂直分离化的研究是我国利用外资持续、快速、健康发展的需要。

其次，能为我国企业特别是大中型企业的经营战略的确定与优化提供借鉴经验，为我国加快实施“走出去”战略提供参考。随着对外开放的扩大，国内国际两大市场日益融合，结成一体。国内企业与国外企业发展所面临的市场竞争环境越来越相似。在这一趋势下，国外企业特别是跨国公司在经营过程中所需要考虑的因素也在对国内企业产生影响。可以预见，垂直分离化将不仅是跨国公司的经营战略，也必将成为国内企业经营战略的主导，因为它们面临着相同的压力，具有相仿的动因。因此，加强对跨国公司垂直分离化研究可以为国内企业在确定未来发展思路时提供有益的参考。这种参考意义对于那些正在实施“走出去”战略的国内企业来讲，更为明显。

1.3 国内外研究概况及评述

跨国公司垂直分离化战略是经济发展中出现的新现象和新问题。国内外理论界对这一问题的研究正在展开和深入，而且在论述这一问题时使用的名称也各不相同，多数从外包的角度讨论，但也有部分学者使用了诸如“垂直专业化”（Balassa，1967；Findly，1998①）、“片断化”（Arndt and Kierzkowski，2001）、“全球价值链”（Sturgeon，2001）、“非本土化”“中间品贸易”等提法。这也从一个侧面反映出对这一问题研究的薄弱。尽管

① Findlay，Ronald. An Austrian Model of International Trade and Interest Rate Equalization［J］. Journal of Political Economy，1978（86）：989－1008.

不同学者对这些术语的理解不完全相同，但其基本含义是一致的，所以在本书中对上述提法不加区分并交替使用。总的来说，国内外学者对跨国公司垂直分离化新趋势的研究主要包括以下几个方面的内容。

1.3.1 关于企业边界和范围的界定

企业边界和范围的界定与本研究密切相关。对企业战略进行研究，首先需要对企业边界和范围问题加以界定。以不同的理论为基础，西方学者对企业边界和范围的理解与认识各不相同。戴维·贝赞可（David Besanko）、德雷诺夫（Darnove）运用交易成本理论对企业的纵向边界和范围进行了界定。他们认为，企业的纵向链条包括了多个专业化的支持性活动，这是一个协调的生产流程。企业必须通过生产或购买确定企业的合理纵向经营规模。而波特（M. E. Porter）则赞同竞争战略理论，认为企业的纵向链条是由一系列价值系统构成的，即所谓的价值链。他在对企业价值链的分析中选择了利润作为企业竞争优势的判断标准，并以此来说明企业理想边界和范围的状况。科利斯（D. J. Collis）和蒙哥马利（C. A. Montgomery）根据资源、能力理论对企业资源做了进一步的分类，认为企业的边界和范围包括内部（要素）边界与外部（市场）边界两个部分，其中企业的内部边界由要素状况决定，外部边界由业务发展状况决定。尽管上述几种观点各异，但有一点是都被承认的：企业边界和范围分析的核心就是企业与要素、企业与市场间的价值均衡及其动态变化过程。

1.3.2 关于跨国公司垂直分离化的内涵与度量

1. 关于跨国公司垂直分离化的内涵

学术界对于跨国公司垂直分离化内涵的认识是逐步深化的。早在20世纪60~70年代就有西方学者注意到这一问题。1967年，巴拉萨（Balassa，1967）在对工业化国家贸易发展的研究中就发现随着经济全球化的发展，国际生产体系有可能发生新的变化，导致一个全球化的生产网络的形成。在其论文中，巴拉萨首先使用了“Vertical Specialization”这个名词，认为这一概念是指在包含多个连续生产阶段的商品的生产过程中，每个国家只在某个或某几个特殊阶段进行专业化生产，由此导致中间产品贸易不断增长并逐步形成一个跨越多个国家或地区的垂直贸易链条。① 此后，这一概念被其他学者广泛地加以引申、转换，提出了很多类似的概念来表述这一趋势。较具影响力的有：利默尔（Leamer，1966）将这一趋势命名为“离开本土化”（delocalization），并将其含义界定为企业通过向海外投资或外包原先在母国的部分企业生产或服务环节，形成离岸生产，企业整合在海外和母国的生产活动。而克鲁格曼（Krugman，1996）认为价值链的切片化（slicing up the value chain）的提法更具科学性。② 所谓价值链切片化是指跨国公司将原来属于一个公司所有权下的采购、研发、制造、营销等环节外包给别的公司进行。琼斯等（Jones et al.，1997）“把生产过程分离开来并散布到不同空间区位”的产业分工形态称为“零散化生产”（fragmented of production），③ 该研究强调了服务活动对于展开产品内分工的重要性，并指出两个因素推动了生产过程的分散化进程：一是比较优势，二是规模报酬递增。

2001 年，胡梅尔斯（Hummels，2001）对垂直专业化进行了更为深入的研究，指出跨国公司垂直专业化至少应包括三个方面的特征或内容：一是商品生产包括多个阶段；二是在商品生产过程中两个或两个以上的国家提供了价值增值；三是至少有一个国家或地区在其生产过程中使用进口投入品，并出口产出的产品。④ 根据胡梅尔斯所作的定义，垂直专业化必须

---

① Balassa, Trade liberalization among Industrial Countries [M]. New York McGraw-Hill, 1967.

② Krugman, Paul R, Growing World Trade: Causes and Consequences [C]. Brookings Papers on Economic Activity, 1995 (1): 327 - 377.

③ Jones, Ronald W. and Henryk Kierzkowski. Globalization and the Consequences of International Fragmentation [J]. Manuscript, University of Rochester and Graduate Institute of International Studies, Geneva, 1997: 10.

④ Hummels, David, Ishii Jun, and Yi, Kei-Mu. The Nature and Growth of Vertical Specialization in World Trade [J]. Journal of International Economics, 2001 (54): 75 - 96.

包括原材料和中间投入品进口及制成品出口两个过程。在这里，垂直专业化和中间品贸易的概念是不同的，前者主要是一种国际产业分工的存在形式，是由某种产品的生产链复制出的一条跨越多国的、垂直的贸易链。胡梅尔斯还认为跨国公司垂直专业化主要有两种实现模式：一种是由不同国家的具有业务联系的跨国公司通过生产的紧密联结，组成涉及上下游产业多个环节的垂直专业化生产链条；另一种是一个跨国公司贯穿于两个或两个以上国家，并通过其全球化战略安排和国际直接投资发展，把产品生产链条的多个环节分别设置在不同国家，并进行合作生产。

为了强调垂直一体化的产业组织分解过程的动态性，越来越多的学者使用垂直分离化（vertical disintegration）来描述这一现象。芬斯特拉（Feenstra，1998）认为随着全球市场一体化的进展，企业越来越多地采用部分外购、外包以及战略联盟的方式来建立企业间的关系，形成一个全球性的生产网络。他把这一生产网络的形成过程称为“全球经济非一体化”（disintegration of production in the global economy）①。

与国外研究相一致，我国学者在描述这一趋势的时候，也使用了不同的词汇，如李晓华（2006）的“垂直解体”、胡昭玲（2006）的“垂直专业化”、刘志彪（2005）的“非一体化生产”等。但总体而言，国内学者对跨国公司这一趋势内涵的界定没有做出更多的创新，基本上是借用了西方学者的概念。

2. 关于跨国公司垂直分离化的度量

作为实证研究，对跨国公司垂直分离化的度量和测算是说明这一趋势迅猛发展的有力证据。因此，为了论证自己的观点，学者们使用了各种量化考察方法或相关统计数据来说明跨国公司垂直分离化在经济发展中地位的不断上升。实证分析的结果证实了建立在国际生产分割基础上的垂直分离化是当今世界经济发展中越来越重要的潮流之一。

---

① Feenstra，Robert C. Integration of Trade and Disintegration of Production in the Global Economy [J]. Journal of Economic Perspectives Volume，1998（12）：31 -50.

因为受到中间投入品技术上的复杂性和数据来源的有限性等限制，目前学术界还没有形成一套完善的度量垂直分离化发展程度的测量方法和指标体系。但由于跨国公司垂直分离化必然伴随着中间品的进口，所以很多学者借鉴巴拉萨（Balassa，1965）使用 RCA 指数度量产品国际贸易专业化发展程度的方法，来大体估算垂直分离化程度。由此形成了两种具体的度量方法。

一是粗略计算的方法。该方法将每个产业中从外部购买的每种类型的投入品的价值乘以该投入品的进口份额，然后对每个产业的所有投入品进行加总，这样就可以得出不同产业甚至整个国家进口中间投入品的状况。沿用这一方法，芬斯特拉和汉森（Feenstra and Hanson，1997）对美国制造业的国际外包的状况进行了研究。他们按照以进口为基础的 SIC（MSIC）四位码水平，选取了 1972～1994 年美国普查所得到的产业间外包经营数据，计算了美国制造业在 1972～1990 年的进口中间品的增长情况。其结论是在上述时期内美国制造业进口投入品占总中间品购买量的比例获得了迅速增长，从 1972 年的 5.7% 上升到 1979 年的 8.6%，到 1990 年进一步增长到 13.9%①。坎帕和高柏格（Campa and Golderg，1997）采用了同样的方法，研究了中间投入品对国内制造业的外向性影响。他们利用投入产出表数据和产业进口数据，计算了美国、日本、英国和加拿大部分产业进口中间投入品的发展状况。其研究发现，英国、加拿大在 20 世纪 90 年代有超过 20% 的投入品来源于海外。与加拿大、英国相比，虽然美国的进口投入品比例处于较低水平，发展速度较快。在 1975～1995 年 20 年间制造业进口投入品所占的比例翻了一番②。

二是依据投入–产出（I-O）表计算进口中间投入在总产出、总投入中所占的比重，并在此基础上进一步计算出口中包含的进口中间投入比

① Feenstra, Robert C. and Gordon H. Hanson. Productivity Measurement and the Impact of Trade and Technology on Wages: Estimates for the U. S. 1972～1990 [J]. NBER Working Paper, No. 6052, 1997.

② Campa J., and L. S. Goldberg. The Evolving External Orientation of Manufacturing: A Profile of Four Countries [J]. Frbnk Economic Policy Review, 1997, 3 (2): 53-81.

例，作为判断跨国公司垂直分离化程度的标准。计算公式为：

垂直分离指数 VS =（进口中间投入/总产出）×出口

利用上式计算出各个行业的数据，然后进行加总，得出一个国家或地区跨国公司逆一体化发展的总体情况。该方法计算简单，能够相对准确地反映出国际生产垂直分离化发展的进程，因而为学者们普遍采用。如胡梅尔斯等（Hummels et al.，2001）采用这一方法对部分发达国家和新兴市场经济体跨国公司垂直分离化程度进行了测算。① 叶芝（Yeats，2001）则利用国际贸易商品标准分类下第 7 类商品（SITC 7）的贸易统计数据说明了占国际贸易 50% 的机械与运输设备行业中零部件贸易的增长，并使用 OECD 相关贸易统计说明了与关税引致的海外加工组装相关联的贸易的重要性。② 我国学者对这一问题的研究也获得了很大的进展，刘志彪和刘晓昶（2001）③、张小蒂和孙景蔚（2006）④ 等先后使用胡梅尔斯的 VS 指数测量法对我国特别是江苏省的制造业出口垂直分离程度进行了探索性研究。尽管样本不同，但他们都得出了相似的结论：在过去的十几年中，跨国公司垂直分离化获得了长足的进展，但其发展并不是均衡的展开的。不同地区、不同行业的发展并不完全一样。具体说来，化学与机械工业、电子、电气机械、仪器制造等技术可分性较强的行业的跨国公司更倾向于采用垂直分离化战略；在地区结构方面，跨国公司更愿意在区域经济一体化组织内部开展分工合作。

1.3.3 对跨国公司垂直分离化战略产生原因的分析

西方学者关于跨国公司垂直分离化战略产生原因的分析是建立在对跨

① Hummels, David, Ishii Jun, and Yi, Kei-Mu. The Nature and Growth of Vertical Specialization in World Trade [J]. Journal of International Economics, 2001 (54): 75－96.

② Yeats, Alexander J. Just How Big is Global Production Sharing? [J]. in Arndt, Sven W. and Henryk Kierzkowski (eds.), Fragmentation: New Production Patterns in the World Economy (Oxford: Oxford University Press), 2001.

③ 刘志彪，刘晓昶．垂直专业化：经济全球化中的贸易和生产模式［J］．经济理论与经济管理，2001（10）．

④ 张小蒂，孙景蔚．基于垂直专业分工的中国国际产业竞争力分析［J］．世界经济，2006（6）．

国公司采用和不采用纵向一体化的效用不同进行分析的基础上的。安特拉斯（Antràs，2003）从企业生产需要的投入品的不同来研究跨国公司纵向发展战略的确定模式。他在借鉴已有研究的基础上发展和提出了一个关于企业边界的产权理论模型，并将这一模型与因资本和劳动禀赋差异而导致的国际贸易一般均衡垄断模型结合起来，形成了新的研究方法。安特拉斯运用其新的模型进行计量研究，发现资本密集产业的中间投入品（如化工产品）的生产企业更多地采取在东道国进行投资设厂的生产方式，而纺织品等劳动力密集型产品则习惯于从与其没有附属关系的公司进口。[①] 例如，美国从资本丰裕的国家进口产品一般采取跨国公司内部交易的方式（如美国对瑞典的进口），而从资本稀缺的国家的进口则大多不在垂直一体化的生产体系内，而采用直接购买的方式（如美国对埃及的进口）。他由此得出结论，资本密集型的最终产品的生产部门倾向于采取垂直一体化形式，而劳动密集型最终产品的生产将较容易地被转让出去。中间投入品生产的资金密集程度，对企业是否采取垂直一体化的方式具有重大影响。在上述分析的基础上，该模型认为，对于两个具有交易联系的国家来说，出口国的资本—劳动比上升，进口国通过企业组织体系进行交易的份额就会增大。

格鲁斯曼和赫尔普曼（Grossman and Helpman，2004）则另辟蹊径，利用激励约束理论对垂直一体化和逆纵向一体化这两种企业组织形式进行比较研究。[②] 他们认为，如果委托人能够从代理者那里获得生产经营必需的中间投入品，他就可以采用自给的生产方案。在采用垂直一体化的企业组织体系内部，关键性生产环节能够得到完全监督。但是如果代理者是独立的缔约方，其承担的任务将不能被有效监督。在这种情况下，生产所需要的中间投入品的供应就得不到有效的保证。然而一旦生产不能正常进行，根据合约生产的原则前期成本将由受包方企业负责，但在采用垂直一

① Antràs. Pol Firms, Contracts and Trade Structure [J]. Quarterly Journal of Economics, 2003 (118): 1375 – 1418.

② Grossman, Gene M. and Elhanan Helpman. Managerial Incentives and International Organization of Production [J]. Journal of International Economics, 2004 (63): 237 – 262.

体化的企业组织内部却无法让其管理者承担这些成本。因此，不同市场竞争条件下监督的有效性与合约生产中激励的有效性是企业进行决策时需要权衡的重要因素。跨国公司经营战略的转变就是企业管理层对客观环境评价的结果。

也有的学者从市场的密集程度来分析问题。麦克拉伦（McLaren）在2000年用一个模型证明了市场密集度对跨国公司竞争战略选择的影响。[①]他认为对独立的供应商来说，较高的市场密集度，意味着找到合适的外部购买者的可能性越大。垂直一体化生产方式必然减少了非一体化企业的数量，因此，在密集度较高的市场条件下，合约生产在更大的经济体或规模更大的产业内进行是可行的。此外，国际贸易的发展增加了可以利用的非一体化企业的数量，贸易具有使市场更加密集的作用，并增加参与贸易各方的福利。与麦克拉伦的方法不同，格鲁斯曼和赫尔普曼（2002）采用了一般均衡垄断竞争模型分析了企业垂直一体化生产与合约生产的选择问题，但得出了与麦克拉伦相类似的结论：市场密集度越高，企业就越倾向于采取合约生产，而不是纵向一体化。[②] 从这一结论进一步引申，我们就可以看到，垂直分离化之所以成为当前跨国公司经营战略的潮流，是因为随着经济的发展，特别是经济全球化的发展，各个国家和地区市场密集度获得空前的发展。

还有的研究者将探索的目光转向企业内部，认为企业生产率的高低对企业的垂直生产体系的结构具有重要影响。与合约生产相比，垂直一体化生产具有更高的固定成本；与垂直一体化相比，合约生产具有更大的灵活性，因而在合约生产与垂直一体化之间存在某种权衡或者替代关系，只有生产率较高的企业才有能力承担较高的固定成本并从垂直一体化发展中获利；而生产率低的企业因为缺乏承担与垂直一体化相伴的高固定成本的能力，所以最好选择合约生产的方式。斯宾塞和邱（Spencer and Qiu，2001，

---

① McLaren，J. Globalization and Vertical Structure [J]. American Economic Review，2000 (90)：1239 - 1254.

② Grossman，Gene M.，Helpman. Elhanan. Integration versus Outsourcing in Industry Equilibrium [J]. Quarterly Journal of Economics，2002，117 (1)：85 - 120.

2002）考察了一个包含南方和北方等不同发展程度的厂商的产品周期模型，认为北方国家厂商倾向于将初级阶段产品的生产外包给低工资的南方国家的厂商，而自己生产最终产品并在国际市场上销售。合约生产具有降低发达国家的生产成本、增加利润的作用，因此，生产率较高的投资者一般在国内生产较为重要的零部件，而将不重要的部件通过合约交给外部供应商进行生产。芬斯特拉和斯宾塞（Feenstra and Spencer，2005）对通过不完全合约的方式定制特定零部件与在现货市场上购买一般零部件两种模式的优劣进行了比较研究，得出结论，在与已投资生产特定投入品的供给者议价和博弈的过程中，最终产品生产者往往将对一般零部件的寻求转移到外部供应。①

管理学学者更注重企业核心能力培养对企业发展产生的影响。普哈拉和哈默尔（Prahalad and Hamel，1990）认为，企业所拥有的核心能力组合与价值创造体系的状况对企业的竞争优势具有决定性的作用。雷维（Reve，2004）则对企业的核心技巧与互补技巧进行了区别。② 他认为，只有那些具有显著的、唯一性的、独特的资源才能称为企业的核心技巧，有关核心技巧业务的活动，应由企业内部完成。而互补性的技巧，如果在企业中具有非常重要的或者战略性的作用，则可以通过外部寻源、联盟等合作形式来完成，以提高交易质量和降低生产成本；如果重要性较低，则可以通过市场采购的方式获得。而且，企业的核心技巧不是一成不变的，随着时间的推移和企业的经验曲线的变化，更多的产品或服务可以通过外包、战略联盟等形式或市场来获得。

与国外研究相比，国内学术界对跨国公司发展战略的新变化的研究带有更强的实践取向：对跨国公司垂直分离化战略的理论分析相对较少，更多的是关注这一变化对中国经济的影响以及应当采取的对策。

程进（2005）分析了跨国公司垂直分离化趋势与原先利用投资形成纵

① Feenstra, Robert C. and Barbara J. Spencer. Contractual versus Generic Outsourcing [M]: The Role of Proximity. mimeo, University of British Columbia, 2005.

② Henrik Brandes. Strategic Changes in Purchasing [J]. European Journal of Purchasing and Supply Management, 1994 (2): 79.

向一体化在制度安排上的差异。① 他研究的跨国公司垂直分离化趋势是指随着通信技术的发展、企业搜寻成本下降、跨国公司协调能力加强而出现的跨国公司将其不具有竞争优势的环节分包出去后形成的非投资的异地化生产格局。他认为，随着网络技术的发展，企业凭借网络平台，跨越了时空对实际交易的束缚，成千上万的厂商在互联网进行交易，交易范围扩大、交易成本减少、分工继续深化、中间品贸易大量出现，跨国公司利用国际直接投资（FDI）在不同国家区位进行纵向一体化生产的格局发生了改变，跨国公司收缩它们的网络，用外包与东道国公司建立了长期供应合同的组织方式。垂直分离化对跨国公司而言可以更有利于将其资产集中于高收益环节，并且发展中国家拥有对出口加工企业所有权后，努力程度也会提高，这对跨国公司是有利的。因此垂直分离化可能会成为跨国公司组织生产的最佳方式。②

王丰（2005）探讨了跨国公司垂直专业化的内涵，其产生和发展的外部原因和实现模式，以及长三角地区如何应对垂直专业化的分工趋势。③他认为，所谓垂直专业化是指一种商品的生产过程分解为多个连续的生产阶段，每一个国家只在某个连续的特殊阶段进行专业化生产，中间产品贸易因此不断增长并形成一个跨越国界垂直贸易链条。随着生产价值链各环节技术的高度专业化，一个公司不可能在所有环节都保持领先优势，公司仅将其业务集中到自己优势最大的核心环节上，有些公司甚至将全部产品的生产外包给外国企业，自己只负责品牌管理和全球营销。跨国公司垂直专业化趋势的进一步发展对东道国的人才流动、要素价格、产品质量、生产体系、产业竞争力、贸易模式产生着越来越大的影响，长三角地区应该努力通过产品全球销售和原材料全球采购的国际外包化生产体系，挤入跨国公司生产链条。

高茜、马扬（2004）分析了跨国公司垂直分离化战略在不同行业内的实践，他们认为行业特质与跨国公司的战略具有相关性。④ 竞争激烈的汽

---

① 程进．对国际分工垂直分离化交易安排的制度分析［J］．国际经贸探索，2005（2）．

② 程进．对国际分工垂直交易安排的制度分析［J］．国际经贸探索，2005（4）．

③ 王丰．论生产全球化的新趋势——垂直专业化［J］．江苏商论，2005（5）．

④ 高茜，马扬．跨国公司垂直逆一体化［J］．中国外资，2004（7）．

车行业、变化迅速的电子计算机行业、专业技术性较强的医药行业等都是具有强烈垂直分离化的行业，但是并不是每个行业都适合采用垂直分离化战略，如钢铁、炼油、造船、纸浆和造纸等行业，很难将生产过程的一部分交给供应商来做，原因是这些行业具有技术可分性较低、原料来源集中等特质，采用垂直分离化不仅不能降低成本，反而可能造成运输、储存等方面的浪费。此外，高茜、马扬还指出，垂直分离化战略在提高企业对不确定性需求快速反应的同时，也有可能降低对整个系统的控制性，导致产品整体性能的降低。

郝媛（2006）对跨国公司垂直分离化战略的内涵、原因和影响进行了分析，认为通过垂直分离化措施，跨国公司将它所控制的价值增值环节集中于其具有相对优势的核心业务或领域，极大地提高了企业经营的竞争力，有利于企业巩固市场地位，增强生存能力，进而可能获取更多的利润。① 成功的垂直分离化实践无一例外地出于这种目的，并达到了预期效果，但也带来一些副产品，如外包可能会对企业产品的整体性能造成损害，或是过分依赖供应商造成自身技术的衰退等。

孙斌艺在其博士论文中研究了跨国公司垂直约束（Vertical Restraints）的问题。垂直约束，又称准一体化契约，是指处于垂直关系不同环节的厂商之间，通过签订复杂、长期的契约安排协调彼此间的交易关系。他认为厂商实施垂直约束的原因与垂直一体化有相似的一面，主要包括下游厂商间的破坏性、上游厂商间的破坏性、搭便车效应、分销的规模经济效应等。“针对这些因素，当垂直一体化不可行或成本更高的情况下，施加垂直约束就变得十分具有吸引力。”②

1.3.4 对跨国公司实现垂直分离化战略具体形式的分析

西方学者在对跨国公司垂直分离化战略产生原因进行研究的过程中必

① 郝媛．跨国公司纵向逆一体化趋势的理论与现实［J］．国际贸易问题，2001（11）．

② 孙斌艺．跨国公司垂直约束理论研究［D］．上海：华东师范大学博士学位论文，2004．

然要涉及其实现形式问题。跨国公司在将垂直生产链条的某个环节向其他企业转移时，经常会采取分包的形式，这是跨国公司实施垂直分离化战略的典型形式之一。

蒙哈德（Mollgaard，2002）研究了跨国公司在分包契约中使用排他性条款保护技术转移的基本原理。① 他认为在分包情形下，当技术转移沿着供应链向上移动时，排他性条款既可以保护下游厂商在技术方面的投资，也可以保护上游厂商为适应该项技术而进行的专用性投资，从而使买卖双方都受制于且也都受惠于分包契约。同时，蒙哈德也发现，排他性契约可能导致上下游厂商创造或者滥用市场势力，如排斥或打击供应链上的竞争对手、造成市场分割等，因而一国"有效竞争规则的供给"和知识产权保护机制的完善是非常必要的。

达特勒（Dartler，2003）从成本和收益的角度总结了跨国许可所带来的商业利益和弊端。② 他认为"在一个理想的世界里，或许每一个制造企业都能驶向充分的'垂直结合'"。但受到产品特质、生产规模等因素的影响，这一理想难以变成现实。通过许可他人利用其知识产权就具有扩展地理市场、增强市场渗透力、获取附加资源等利益，但也往往具有一定的弊端，主要表现为失去新的商业机会、收益上对他人的依赖等。

特许经营在跨国公司生产经营中是一种较为常见的交易形式，这类形式的特征也是学术界关注的焦点之一。凯文（Kevin，1997）认为应当将特许经营契约看作是企业的制度安排，是一种中间组织存在形式。它作为一种治理结构可能是增加和保护品牌价值的最有效方式，但是在特许经营的情况下可能会出现"搭便车"的现象。③

---

① Mollgaard, Peter, H. Exclusive Safeguards and Technology Transfer: Subcontracting Agreements in Eastern Europe's Car Component Industry [J]. Working Paper, 2002: 18.

② Datler, Jay Jr. Licensing of Intellectual Property Law Journal Seminars-Press [M]. a Division of the New York Law Publishing Company, 1998.

③ Kevin Wainwright. Franchising, The first draft of this article was prepared as a discussion paper foe a meeting on vertical restraints and mergers at the bureau of Competition Policy, Ottawa, Ontario in 1997.

战略联盟是近年来学术界关注的一个重点领域。但各类文献大多研究了水平层次上的战略联盟，而对垂直型战略联盟的关注则相对不足。春日（Kasuga，1999）利用不完全契约理论分析了国际商务合同中不同战略联盟形式的存在条件。[①] 在研究中，春日将垂直一体化作为跨国公司在考虑厂商间还是厂商内交易选择时的分析比较的参照点。他认为，在交易成本不高的情况下，厂商内交易可能会降低企业中间投入品的成本，但也会面临企业组织失灵的可能。因此，从不完全契约理论的角度来看，对分包的激励是解决竞争性厂商间合作性契约安排的基本原则之一。春日还根据跨国公司与其供应商以及跨国公司和其他跨国公司之间的关系，将跨国公司垂直战略联盟的形式划分为合资合作企业、原厂委托制造企业（OEM）、分包以及交叉许可等。

我国学者在对跨国公司垂直分离化实现形式的研究中对能为我国经济发展带来重要影响的外包关注较多，而对其他方式，如跨国公司纵向战略联盟、跨国许可、特许经营则关注较少。

在对跨国公司实现垂直分离化战略的具体形式方面，基于实践的需要，国内学者对跨国外包和跨国公司纵向战略联盟给予了较多关注。王淑云（2004）建立了基于核心能力的业务外包模型，认为业务外包时刻存在于企业的生产过程中，特别是随着业务外包中技术和知识含量的提高，外包决策和管理能力已经成为企业核心能力的重要体现和组成部分。[②] 依据核心能力理论，企业应该将有限的资源集中在核心能力上，而将自身不具备核心能力的业务交由外部组织承担。物流外包是企业强化核心能力进而增强竞争优势的战略取向。陈菲（2007）采用问卷调查、实地访谈等实证分析方法，分析企业服务外包的动因、对象及其对企业绩效的影响等问题，对企业服务外包内部发展机制做了较为全面的研究和阐释。[③] 张玉柯等（2006）分析了经济全球化下跨国公司离岸外包发生的基础和源泉，指

① Kasuga，Hidefumi，International Business Alliances：An Incomplete Contract Approach［J］. Japan and the World Economy，1999（11）：497－515.

② 王淑云．物流外包成本的决定要素及企业的战略选择［J］．经济问题探索，2004（7）.

③ 陈菲．服务外包动因、对象及企业绩效之互动关系研究［J］．经济师，2007（1）.

出技术革命、贸易自由化及产品内分工是跨国公司选择离岸外包的根本性原因。[①] 王爱虎、钟雨晨（2006）在近似计算在华跨国外包容量并识别实施跨国外包的动因的基础上建立起吸引跨国外包的环境评价体系，并利用该体系对中国及其三大经济圈的九省市进行纵向和横向的定量分析，研究了它们的内部结构，并提出了相应的政策建议。[②]

江若尘（2001）在研究了产业链条上下游垄断企业实现纵向一体战略联盟重要性的基础上，对纵向一体战略联盟的实施进行了阐述，对纵向一体战略联盟的绩效进行了量化的分析，提出要防止国外跨国大公司主宰我国产业链条的警示。[③] 曾楚宏、林丹明（2004）从博弈论、中间组织理论、竞争战略理论和资源基础理论这四个理论角度对企业建立战略联盟的动因进行了解释。[④] 里昕、揭筱纹（2007）分析了基于产业链战略联盟伙伴选择的影响因素，提出了进行联盟伙伴选择时要注意产业生态链利益格局等问题。[⑤] 张卫国等（2006）通过引入契约变量成本、一体化法律费用以及其他各种外显和内合成本，构建了以技术研发为产出的柯布—道格拉斯生产函数以及成本函数，并分析了技术获取与成本之间的相关关系，探讨了企业在进行边界扩张时，通过非股权战略联盟与通过内部一体化这两种方式在代价上的差异。[⑥] 唐睿（2006）从分析跨国公司从传统的国际并购战略到转而实行战略联盟的现象入手，分析了跨国公司国际经营战略的历史沿革及趋势，并探讨了关于跨国公司战略选择的特点、原因。[⑦]

---

① 张玉柯，李玉红和徐永利．跨国公司离岸外包成因分析［J］．河北大学学报（哲学社会科学版），2006（6）．

② 王爱虎，钟雨晨．中国吸引跨国外包的经济环境和政策研究［J］．经济研究，2006（8）．

③ 江若尘．论纵向一体战略联盟［J］．财贸研究，2001（2）．

④ 曾楚宏，林丹明．对企业建立战略联盟的理论解释［J］．科研管理，2004（2）．

⑤ 里昕，揭筱纹．基于产业链的企业纵向战略联盟伙伴的选择［J］．生产力研究，2007（3）．

⑥ 张卫国，陈学梅和陈宇．关于非股权战略联盟边界问题的探讨［J］．科技进步与对策，2006（4）．

⑦ 唐睿．从国际并购到战略联盟——关于跨国公司国际经营战略选择的探讨［J］．黑龙江对外经贸，2005（11）．

1.3.5 对跨国公司垂直分离化经济效应的分析

关于跨国公司垂直分离化对世界经济的影响，中外学者都给予了极大的关注，但不同的学者说法不一。有人认为跨国公司垂直分离化的发展能够增进社会福利，有人则对此持否定态度。而更多的学者认为应该是正负效应并存。这一讨论主要从以下几个方面展开。

1. 跨国公司垂直分离化对企业绩效的影响

大多数学者都认为作为跨国公司主动采取的战略，垂直分离化的实施能够对企业绩效的提高起促进作用。滕亚和沃尔夫（Ten Raa and Wolff, 2001）认为垂直分离化能够提高企业的灵活性、降低生产成本，从而提高企业的绩效，并用实证的方式证明了自己的观点。他们的研究表明，制造业全要素生产率（TFP）的增长与外包的增长具有正相关关系。① 霍尔格·格尔克、奥菲·汉利和斯特罗布尔（Holger Görg, Aoife Hanley and Eric Strobl, 2004）利用爱尔兰制造企业的数据研究了国际化外包和企业生产率的关系。② 他们的研究显示，原材料的外包能够极大地提高企业的生产率，从定量研究看，外包强度每增加一个百分点，工厂层面的生产效率会提高 1.2 个百分点。我国学者李晓华（2005）认为跨国公司垂直分离化优化了企业生产方式，特别是对价值链中的领导企业生产方式的影响表现得尤为明显。③ 这些企业本来是垂直一体化的从事研发、设计、生产、销售等整个价值链的活动，甚至自己生产零部件，而垂直解体的趋势则将低附加值的制造环节外包出去，从而成为“大脑”企业。通过剥离非核心业务并依靠供应商网络能够降低成本、增强灵活性、提升经营绩效，更为重

① TenRaa, T. & E. N. Wolff. Outsourcing of services and the Productivity recovery in U. S. manufacturing in the 1980s and 1990s [J]. Journal of Productivity Analysis, 2001, 16: 149 - 165.

② Holger, Eric Strohl. Outsourcing, foreign Ownership, Exporting and Productivity: An empirical Investigation With Plant Level Data. Research paper 2004 [EB/OL]. http: //www. nottingham. ac. uk/economics/staff/details/holger-gorg. html.

③ 李晓华. 产业组织的垂直解体与网络化 [J]. 中国工业经济, 2005 (7).

要的是，垂直解体化的企业不仅没有因失去“肢体”而丧失对市场的控制，反而大大增强了对市场的影响力。

2. 跨国公司垂直分离化对收入分配的影响

如何判定跨国公司发展战略的变化对投资国和东道国的影响是学者们讨论的一个热点话题。理论分析和实证研究均表明，跨国公司垂直分离化对劳动者收入的影响与其所处的环境密切相连。芬斯特拉和汉森（Feenstra and Hanson，1996）从成本函数入手，从外包的发展对美国熟练工人工资份额变化的研究表明，短期内国际外包对熟练劳动力相对工资的上升有重要影响。① 但哈斯克尔和斯劳特（Haskel and Slaughter，2001）放弃短期假定，从零利润条件出发，就英国各要素成本份额对产品价格变化所做的回归分析则表明，国际外包对熟练劳动力工资上升有影响，但影响较小。② 为了探讨其中的原因，很多学者将研究进一步深入。琼斯和凯尔科斯（Jones and Kierzkowski，2001）认为跨国公司垂直专业化对非熟练劳动力收入的影响依赖于该国的要素禀赋、产出模式与具体的垂直分工之间的相互影响，而这种相互影响是复杂的。③ 科勒（Kohler，2003）则认为跨国公司垂直专业化的收入分配效果是由那些从经济角度看应当留在国内进行的生产阶段的要素密集度决定的。④ 其他一些学者则另辟蹊径，探讨了跨国公司垂直分离化对国家间收入的影响。马库森和温纳博斯（Markusen and Venables，1996）从考虑企业选址决策和运输成本的角度出发，发现当允许跨国公司选择生产地点时，跨国公司能够扩大高收入国家熟练劳动力和

---

① Feenstra R C, Hanson G H. Globalization. Outsourcing and Wage Inequality [D]. NBER Working Paper, 1996.

② Haskel, J. M. J. Slaughter, Trade, technology and UK wage inequality [J]. The Economic Journal, 2001 (111): 163 - 187.

③ Ronald Jones and Henryk Kierzkowski. A framework for fragmentation [J]. Tinbergen Institute Discussion Paper, 2001.

④ Kohler, Wilhelm. The Distributional Effects of International Fragmentation [J]. German Economic Review, 2003 (1): 89 - 120.

非熟练劳动力的工资差距；在一些情况下，低收入国家也是如此。[①] 克鲁格曼和温纳博斯（Krugman and Venables，1995）应用易受运输成本影响的中间品贸易模型研究跨国公司生产体系变动的影响，发现当运输成本处中等水平时，就会产生垂直专业化生产的“核心—外围”格局：核心国家拥有凝聚力，享受到跨国公司生产体系变动带来的机遇，而外围国家则会遭受产业缺乏和低收入之苦。[②] 我国学者刘晓昶、刘志彪（2001）认为跨国公司垂直分离化战略的实施加剧了国家间人力资本收入的不平均。[③] 跨国公司进行海外经营，主要雇用东道国的以下两种劳动力资源：技术管理人员和熟练劳动力，尤其是成本相对低廉的熟练劳动力。在被跨国公司使用的过程中，这两种劳动力资源得到的工资尽管低于发达国家同类人员的工资水平，但仍会远远高于东道国企业所能支付的工资水平。大量的技术管理资源和熟练劳动力流向跨国公司在东道国开设的工厂和企业，必然会造成东道国本地企业的人才流失，使原本就缺乏人力资源、在竞争中处于不利地位的东道国企业经营雪上加霜。同时，跨国企业高工资的示范效应又加剧了当地企业员工的不稳定性，企业面临不断加薪的压力，这也在一定程度上增加了企业的运营成本。

3. 跨国公司垂直分离化的技术进步效应和产业升级效应分析

跨国公司垂直分离化促进了劳动力的优化配置，提高了劳动者总体收入水平，但同时也带来了发展中国家人才流失、拉大了贫富差距，跨国公司垂直分离化对于技术扩散的影响也是双重的。对发达国家而言，跨国公司垂直分离化能够有效地推动技术创新，这一点已经得到多数研究者的认同。例如，格拉斯和萨奇（Glass and Saggi，2001）以实证的方式证明了发达国家向低工资的发展中国家外包生产环节的行为对发达国家技术创新具

① Markusen, James R. and Anthony J. Venables. Multinational Production Skilled Labor and Real Wages [J]. NBER Working Paper, No. 5483, 1996 (3).

② Krugman, Paul, and Anthony Venables. Globalization and the Inequality of Nations [J]. Quarterly Journal of Economics, 1995 (12).

③ 刘晓昶，刘志彪．论跨国公司的垂直专业化发展趋势——兼论中国企业的竞争战略［J］．江海学刊，2001（4）.

有积极影响。[①] 派克和萨奇（Pack and Saggi，2001）考虑了发达国家进口中间投入品的企业向发展中国家供给中间投入品的企业转移技术的各种情况，提出在假定这一技术会扩散到发展中国家的其他企业的条件下，这种技术扩散将会引发了中间投入品供给企业之间的竞争，并进而使发达国家的企业获得收益。[②] 张小蒂、孙景蔚（2006）对垂直专业化分工与中国产业国际竞争力关系的研究也证明，国际垂直专业化带来了中国劳动生产率和产业技术水平的提高，从而有利于产业国际竞争力的提升。[③] 刘晓昶、刘志彪（2001）认为跨国公司通过海外投资，把东道国的部分企业纳入跨国公司的垂直专业化产业链中，这对于东道国的这些下属企业来说，是一个吸收经验、积累知识的良好机遇。[④] 随着跨国公司产品生产链不断向具有更低劳动力成本的国家延伸，原有东道国企业的产品可能会由劳动密集型向资本或技术密集型转变，该产业的知识、技术含量增加，产业得到了优化升级，也带动了国内相关产业的升级和发展。孙文远（2006）认为，通过产品内分工方式可以把劳动密集和技术简单的工序环节转移到其他国家，同时把附加价值比较高的资金、技术等要素密集的经济活动区段保留在国内进行。[⑤] 此外，发展中国家通过在产品内分工的供应链和价值链上攀升，也获得了持续成长的现实可能性。在传统国际分工局限于行业、产品层面时，发展中国家通过初级产品参与国际分工谋求发展面临很多特殊困难；采用进口替代战略，实现产品升级，又受到技术、资金和市场规模等方面的约束。产品内分工为发展中国家通过参与简单加工区段，在符合比较优势原理基础上融入国际经济系统提供了切入点；同时为它们通过在产品内分工系统内升级进步谋求发展，提供了新的现实机遇。吕文栋、

---

① Amy Jocelyn Class，Kamal Saggi. Innovation and Wage Effects of International Outsourcing [J]. European Economic Review，2001 (45).

② Pack H，Saggi K. Vertical technology transfer via international outsourcing [J]. Journal of Development Economics，2001 (65)：389 -415.

③ 张小蒂，孙景蔚. 基于垂直专业化分工的中国产业国际竞争力分析 [J]. 世界经济，2006 (5).

④ 刘晓昶，刘志彪. 论跨国公司的垂直专业化发展趋势——兼论中国企业的竞争战略 [J]. 江海学刊，2001 (4).

⑤ 孙文远. 产品内分工刍议 [J]. 国际贸易问题，2006 (6).

张辉（2005）从价值链的角度讨论了跨国公司垂直分离化对东道国产业集群发展的影响。他们认为由于跨国公司经营战略的转变，众多散布于全球的、处于全球价值链上的企业进行着从设计、产品开发、生产制造、营销、出售、消费、售后服务到最后循环利用等各种增值活动。[①] 全球价值链中各个价值环节在形式上虽然可以看作是一个连续的过程，不过在全球化过程中，这一完整连续的价值链条实际上是被一段段分开的，在空间上一般离散性地分布各地。虽然全球价值链的片断化导致各个价值环节在全球空间上呈现离散分布格局，但是分离出去的各个价值片段一般都具有高度的地理集聚特征，即“大区域离散小地域集聚”。程新章（2006）认为产业集群的形成依赖外包的实践。[②] 企业之所以能外包其业务，关键在于企业有中间产品可以生产，而中间产品的生产是生产过程区分为几个不同阶段的前提条件之一，生产过程区分为几个阶段是集群形成的基本条件之一。长的价值链虽然不会必然导致集群的产生，但是增加了产生的可能性。

上述研究表明，跨国公司垂直分离化可以成为技术扩散的途径，能够带动发展中国家的技术进步和产业升级，但是发展中国家能否将这种获益的可能转化为现实，主要依赖其国内的制度因素是否有利于激励发达国家对其转移先进技术，以及是否有利于鼓励本国现有企业投入更多成本去消化、吸收所接受的新技术。如阿朵吉尼（Amighini，2005）指出，自20世纪80年代以来，中国之所以能从国际垂直专业化分工与贸易中获得发展机遇，并成为高技术产品的出口大国，是和中国高等教育入学人数和毕业人数的不断增长、研发人员数量与研发投入的持续增长等因素密不可分、相互联系的。[③]

4. 跨国公司垂直分离化与国际贸易发展

学者们关于这一问题的讨论主要在以下两个层面上展开：跨国公司垂

---

① 吕文栋，张辉．全球价值链下的地方产业集群战略研究［J］．中国软科学，2005（2）．

② 程新章．全球价值链治理模式——模块生产网络研究［J］．科技进步与对策，2006（5）．

③ Amighini A. China in the International Fragmentation of Production: Evidence from the ICT Industry［J］. The European Journal of Comparative Economics，2005（2）：203－219.

直分离化对贸易总量的影响和跨国公司垂直分离化对各国贸易利益的影响。关于前一方面，胡梅尔斯等（Hummels et al.，1998）的研究证实了跨国公司生产体系分离化、专业化与国际贸易增长的相关关系。他们的研究表明，在过去二三十年中垂直专业化对总出口增长的贡献率超过了1/3，对出口增长贡献较大的行业，如化工、机械等行业，也是跨国公司垂直贸易增长较快的行业。[①] 易（Yi，2003）在石井和易（Ishii and Yi，1997）的基础上，建立了一个关于跨国公司垂直分离化的两国动态李嘉图模型，并以此为基础对关税减让的效果做了模拟分析，结果表明该模型可以解释大约50%以上的贸易增长。[②]

高越、高峰（2005）认为跨国公司战略的转变有助于减少贸易摩擦，进而推动国际贸易量的增长。[③] 在新形势下，进口中间产品加工复出口和海外加工直接转口将成为各国企业生产和对外贸易中普遍采用的形式，传统意义上完全由一国生产的纯粹（本国产品）的一般贸易出口越来越少，中间产品的贸易规模越来越大。在这种分工条件下，由于产品的生产过程中包含了多个国家的投入，各有关国家对这种分工的依赖及其相互间的利益联系有助于减少贸易摩擦，甚至一些国家在考虑到本国企业在国际分工中的利益，往往对已经或将要出现的贸易摩擦采取偃旗息鼓的姿态。刘志彪、吴福象（2005）对世界经济范围内贸易一体化的计量分析和对中国及长江三角洲的格兰杰（Granger）因果检验都表明生产非一体化和出口专业化是贸易一体化的原因之一。[④]

对于跨国公司垂直分离化对各国贸易利益的影响，孙文远（2006）认为，跨国公司垂直分离化使国际贸易的动态利益地位日益突出。[⑤] 由于

---

① Hummels，D.，Rapport，D. and Yi，K. Vertical specialization and the Changing Nature of World Trade [J]. Federal Reserve Bank of New York Economic Policy Review，1998（4）：79 -99.

② Yi，Kei-Mu. Can Vertical Specialization Explain the Growth of World Trade? [J]. Journal of Political Economy，2003（111）：52 -102.

③ 高越，高峰．垂直专业化分工及我国的分工地位［J］．国际贸易问题，2005（3）．

④ 刘志彪，吴福象．经济全球化中贸易一体化及其效应的实证研究［J］．产业经济评论，2005（2）．

⑤ 孙文远．产品内分工刍议［J］．国际贸易问题，2006（6）．

跨国公司的作用及资源的全球流动等因素的影响，一国的出口商品可能不都是“本国企业”生产的，出口企业在对外贸易中可能仅仅获得了极为有限的加工费。即使是这些有限的加工收入也往往并不为出口国所独享，外国企业的分支机构可以将出口利润汇出东道国，这使得发展中国家在加工贸易中所获得的直接利益大打折扣。卡普林斯基（Kaplinsky，1993）从分析国际分工格局方面研究了这一问题，得出了与之相似的结论。[①] 在他看来，随着产业可分性的增强，发达国家与发展中国家之间逐渐形成了产业内甚至是产品生产链条内的分工格局，发达国家将附加值较低的组装、简单加工环节转移到发展中国家和地区。随着产业组织模式由垂直一体化向垂直分离化和网络化方向的演化，这种不合理的分工格局被进一步强化。在新的分工格局下，无论是发展中国家的单一企业还是一个地区甚至是整个发展中国家群体，赖以生存的基础变得越来越脆弱，抵御经济发展中各种风险的能力不断降低。一旦应对不当，在更低成本、更高质量的竞争对手面前迅速衰落的可能性将大大增强，从而对发展中国家参与新兴国际分工并获得利益形成严峻的挑战。

1.3.6 对当前跨国公司垂直分离化战略研究的总体评价

通过前面的论述，我们可以看到，众多学者从不同的角度对跨国公司垂直分离化战略进行了客观的描述和理论的研究，具有重要意义。一是给我们提供了一个研究这一问题的基本思路和分析框架。跨国公司垂直分离化战略问题是一个涉及多学科的研究题目，应当从什么方面入手，运用什么样的理论工具进行研究，前人的研究给我们提供了有益的参考。众多经济学家在分析这一问题时将交易成本理论、管理组织理论、资源理论、价值理论等许多理论体系引入进来，并且大量地使用了计量经济学的研究方法，这使我们能够有较好的条件根据现实的发展将这一问题的探讨进一步

① Kaplinsky R. Export Processing Zones in the Dominican Republic: Transforming into Commodities [J]. World Development, 1993 (22): 3.

深入下去。二是提出了很多富有借鉴意义的观点，给后来者以启迪。例如，不同市场竞争条件下监督的有效性与合约生产中激励的有效性能够影响企业成本，并进而影响企业决策的观点；应当从企业内部因素（生产率的高低）和企业外部因素（市场密集度）等因素入手探讨企业发展战略选择模式问题；公司所拥有的核心能力组合与价值创造体系对企业的竞争优势具有决定性的作用，等等。上述观点对今天探讨跨国公司发展战略的转变成因依然具有很强的解释力。三是前人在研究的过程中也从宏观和微观方面提出了应对跨国公司这一战略转变的措施，其中很多观点依然能够适应今天的现实。

但是，毕竟垂直分离是在近一二十年才被经济学家逐渐认识到的现象，因此，对跨国公司垂直分离的研究远远落后于垂直分离的实践。现有的研究还存在一定的欠缺和不足。

首先，对跨国公司垂直分离化战略的认识缺乏战略性的视角。主要表现为相当一部分学者对跨国公司垂直分离化战略实施的主动性认识不足，只是将垂直分离化当作是跨国公司由于技术、成本、供应链、政府干预等因素的影响难以实施一体化战略的情况下不得已而采取的措施，没有将垂直分离化战略作为跨国公司在新的市场经济条件下企业生存和发展的根本战略性措施来看待。例如，有研究者提出“当垂直一体化不可行或成本更高的情况下，施加垂直约束就变得十分具有吸引力”[①]。还有的学者认为生产率低的企业因为没有能力承担与垂直一体化相伴的高固定成本，所以只能选择合约生产的形式等，这也就是说垂直分离化实质上是一体化战略的替代方案，这与当前越来越多的具备垂直分离化战略实施条件的跨国公司在战略上选择退却的现实相矛盾。这势必造成理论研究目标和方向的不清晰和偏离，难以形成完整的企业垂直分离化经营战略的理论体系。

其次，对跨国公司分离化成因的研究有待于进一步的深化。尽管目前诸多专家运用不同的理论、从不同的侧面对这一问题进行了研究，但总体而言，这种研究尚未形成科学的体系。从研究内容看，已有的研究大多停

① 孙斌艺．跨国公司垂直约束理论研究［D］．上海：华东师范大学博士学位论文，2004.

留在垂直分离的影响因素上，揭示了这些因素的变化和跨国公司发展战略变化的相关性，而欠缺一个分析跨国公司战略转变根本原因的深入探讨，特别是既联系企业发展理论又联系客观环境变化的持续始终的研究框架。从研究方法看，现有的文献使用了理论分析、统计分析、案例分析等方法，但很少有文献综合运用上述方法，而且现有的研究多集中于现象的描述，而缺乏理论上的归纳、总结，再加上现有研究中缺乏统一的概念界定和统计数据，多数实证研究只能囿于一些案例式的写实性描述，理性思考不够。

再次，由于目前的研究以西方学者的研究为主体，所以现有的文献关注较多的是发达国家及其制造业，而且这种研究也大多为本国的利益服务，而对发展中国家在这一重大转变中所受到的影响关注远远不够。相比较而言，发展中国家由于经济实力较弱，抗风险能力差，在国际生产格局发生较大变化的时代，受到的影响变动程度较大。所以，加强研究跨国公司战略变动对发展中国家的影响已经成为当前亟待解决的问题之一。

最后，现有的对策措施可操作性不足。企业垂直分离化战略的核心问题就是如何重新建立企业的长期优势，并最大限度地满足企业利益相关者的要求和期望。但现有研究大多只是从原则上提出了企业在这一潮流下行为的方向，对相关部门的参考价值有待提高。

1.4 研究思路和内容

1.4.1 研究思路

为了从理论和实践结合的角度说明跨国公司垂直分离化战略，计划从跨国公司理论、战略和竞争理论入手，在跨国公司战略这个大的框架之下，对跨国公司垂直分离化的现象和本质、动力、实现方式、绩效评估和影响等进行全面分析，最后落脚到中国顺应这一趋势的战略选择问题。本选题的整个研究思路可以表述为这样一个主线索：跨国公司垂直分离化战略的理论前提（什么是跨国公司垂直分离化战略）——跨国公司为什么要实行垂直分离化战略——如何评估垂直分离化的绩效——垂直分离化对我国经济的影响——我国应当如何应对这一趋势。

1.4.2 研究的主要内容

本书除导论以外共分为五章，基本内容如下。

第一章“绪论”，主要说明本书的概况，旨在引出要研究的主题，阐述研究的理论意义和现实意义，说明对本书主体研究的现状，并简要总结本书对这一问题研究的一些创新和今后应该拓展的方向。

第二章“跨国公司垂直生产链：从垂直一体到分离”，结合全球范围内科学技术革命的发展对跨国公司组织体系的发展进行了一个全面的描述和系统的总结。主要解决一个问题：跨国公司垂直分离化战略确实正在成为世界经济发展的重要潮流。一是第二次技术革命对企业生产能力的推动以及在全球市场运行环境发生变化的条件下，企业组织体系变动发展的一般趋势和规律。本书认为第二次技术革命的发展既奠定了企业实施纵向一体化的基础，又提供了企业纵向一体化的压力。首先，第二次技术革命促进了交通和通信技术的发展，为大规模生产和企业多部门管理准备了条件，带动了规模制造技术的发展，推动了大规模生产的这一新的生产形式的发展和在现实经济运行中的应用，引起了产品复杂程度的提高和新兴产业部门的发展，提高了资产的专用性程度。其次，在第二次产业技术革命的推动下，分工和规模经济在企业生产成本约束中的作用不断增强，增加了交易的频率，使交易费用成为影响企业竞争优势的一个重要因素。在这种环境下，很多企业选择了垂直一体化的组合模式。二是第三次技术革命的发展给经济环境的变革带来了新的变化。这次技术革命带动了信息技术、新材料技术、生物技术、新能源技术、空间技术和海洋技术的迅速发展，使标准化零部件的生产和供应呈现出被半成品模块的生产与供应逐步取代的趋势，市场环境具有越来越强烈的不确定性、产品升级换代速度大大加快、生命周期不断缩短。在这种条件下，纵向一体化不再是所有企业组织形式选择的最佳方案，主要表现为实施纵向一体化战略的企业管理成本增大、企业经营的灵活性有所降低、代理成本有所上升、创新动力不足。

第三章“跨国公司垂直分离的内涵与表现”，主要对跨国公司新的组织形式进行了揭示。从本质上讲，跨国公司垂直分离化是企业从现实边界向虚拟边界的转变，是企业网络组织的形成过程，是企业垂直专业化生产的具体实现方式。在界定了跨国公司垂直分离化的内涵之后，本书又进一步介绍了目前学术界度量跨国公司垂直分离化的测算方法，并选取了垂直专业化指数法对近年来全球垂直分离化趋势进行了描述。在本部分的最后，还进一步揭示了跨国公司垂直分离化的具体实现模式：战略性外包和虚拟组织。

第四章“跨国公司垂直分离化的动因分析”，揭示了跨国公司垂直分离化发展的主要原因。本章首先回顾了学术界关于跨国公司纵向边界的一般理论演进，特别是以交易费用理论、资产专用性理论、剩余控制权理论为代表的企业契约理论关于企业纵向边界的决定原则和资源观、能力观、知识观的基于资源、知识和能力的理论在企业边界问题上的主要观点。在此基础上，运用企业核心竞争力的理论对跨国公司垂直分离发展的动因进行了揭示。主要观点有：在新的条件下，网络优势正在成为影响企业核心竞争力的重要因素。通过实施垂直分离和网络构建，企业获得了生产经营的灵活性并且引导规模经济向生产环节内部发展，在一个或几个生产环节上实现了规模生产，并且通过网络内部的相互协作，产生了互相提高的“梯子效应”，推动了跨国公司生产组织形式的变革。

第五章“跨国公司垂直分离与世界经济格局”，主要论证了跨国公司垂直分离化新趋势下国际生产结构、贸易结构、研发投资结构的变动趋势。本书认为跨国公司垂直分离化的实施促进了服务贸易在全球范围内的兴起，并且其内部区位结构、产业结构也得到优化。在跨国公司垂直分离化对全球生产结构影响中，本书不仅论述了跨国公司垂直分离化新趋势下生产性服务业的蓬勃发展，还分生产链单核心、双核心以及生产环节跨行业转移等条件下，对生产分工格局和利益所得进行了分析。另外，还对跨国公司垂直分离化对全球经济波动产生的影响进行了分析。

第六章“跨国公司垂直分离与中国”，论述了跨国公司垂直分离化条件下中国经济发展的政策建议，主要有：“强化开放引领，提高对外开放的水平”“建立产业攀升机制，构建现代产业体系”“高度重视经济园区发展，打造新形势下对外经济合作的平台”“转变资源利用方式，提高区域集约发展”“提高区域自主创新能力，促进创新性区域建设”“实施协同发展战略，建立各区域间良性循环的互动机制”“营造可持续发展的环境，为我国承接新型产业转移提供有力支持”。

1.5 主要研究方法

研究内容决定研究内容所采取的方法。本书将运用西方经济学、国际贸易学、企业管理学、产业组织理论、网络经济学的有关理论，对跨国公司垂直分离化战略进行较为深入地探讨和分析。具体而言，主要使用了以下几种方法。

(1) 比较分析法。有比较才有鉴别，为了寻求一种能够有效地分析跨国公司垂直分离化战略的理论工具，就需要运用比较经济学的理论，对现有各种企业战略理论的解释能力进行比较。

(2) 系统分析法。这一方法在本书中将多次使用。例如，在对企业核心竞争力的探讨中，因为企业核心竞争力是一个复杂的系统，受到多方面的因素的影响，所以应将这些因素综合起来考察。此外，对企业核心竞争力测度方法的研究也都需要使用系统分析法。

(3) 实证分析和案例分析法。为了验证企业核心竞争力影响因素变动与跨国公司战略转变的关系，多次运用案例分析方法。

(4) 定性分析和定量分析相结合的分析方法。特别体现于本书对跨国公司垂直分离化现象的描述中，不但对跨国公司新战略的兴起及其发展态势进行描述，还运用垂直分离指数对跨国公司垂直分离的程度进行了量的研究。

1.6 创新与不足

1.6.1 创新之处

本书的一个显著特点就是将现代经济学的基本原理和基本方法运用于对跨国公司垂直关系的研究中，对经济学和管理学在某种程度上的相互交叉分析具有一定的贡献。主要有以下几个方面的创新。

（1）本书从企业核心竞争力的视角出发研究跨国公司垂直分离化战略兴起的原因、影响，为研究本问题提供了一个持续始终的、既联系企业发展理论又联系客观环境变化的研究框架。

（2）借助已被经济学界普遍接受的 VS 测量方式对世界垂直分离化发展趋势进行度量，揭示了跨国公司垂直分离化发展的历史趋向和不同国家、不同产业垂直分离化发展程度的差异。

（3）对垂直分离化以后形成的网络化生产优势进行了阐述，特别是提出了网络经济条件下竞争优势从“木桶原理”向“梯子原理”的转变。

（4）结合垂直分离化对全球供应链和产业空心化的影响，论述了跨国公司垂直分离化对世界经济波动的放大效应，从一个侧面揭示了近年来世界经济不稳定的原因。

（5）与现有的多数研究重点关注发达国家不同，本书对跨国公司垂直分离化对我国经济发展的影响进行了分析，并提出了在跨国公司战略转变的情况下，我国应当采取的对策。

1.6.2 不足之处

囿于笔者的能力、时间和资料的欠缺，本书也存在一定的欠缺和不足，有待于今后继续研究。

首先，由于近年来全球范围内跨国公司垂直分离化发展速度较快，但有关机构提供数据的速度较慢，本书对跨国公司垂直分离化趋势的分析虽然与经济发展的实际状况基本一致但又存在一定的差异，有待在以后研究中补充。

其次，实证研究略显单薄。本书提出了一系列的新观点，但有些方面只是理论的论述，没有相应的计量研究作出证明，如本书提出的跨国公司垂直分离化带来的“梯子原理”，相关的实证研究由于时间所限，没有展开。

第2章

跨国公司生产链条：从垂直一体到垂直分离

自18世纪后期第一次工业革命使以机器为基础的工厂制度代替以手工劳动为基础的手工工场以来，企业边界（enterprise boundary）问题一直是组织经济学的核心问题，也长期被理论界和企业战略家所关注。经济学家罗纳德·哈里·科斯（Ronald H. Coase，1937）在《企业的性质》这篇经典论文中提出了企业边界取决于交易成本与管理成本的权衡的观点。他认为，交易成本是一个企业在经营过程中通过市场安排协调资源的费用，如果交易成本超过了企业内部管理资源的费用，企业内部管理的资源配置就是十分必要和合理的，该环节就应当被纳入企业内部。企业之所以存在，就是因为它是一种可以通过管理协调来减少市场协调成本的组织形式。威廉姆森（Williamson，1991）则认为企业之所以有边界是因为企业内的弱激励，或者说因为选择性干预不可实施导致强激励无效，因而企业不能无限度扩张，而以哈特为代表的新产权理论则认为企业边界取决于一体化导致的资产专用性投资的激励。虽然各执一词，但是有一点是可以肯定的，他们都认为企业的边界不仅是存在的，而且不是一成不变的。从历史发展的角度来看，企业边界的变化是企业主动适应经营环境变革的结果。一个企业的组织安排和范围边界只有随着企业内外部经营环境和交易特征因素的不断发展变化而变化，经历从合并—分拆—再合并—再分拆循环反复运动，才能充分利用外部条件获得最佳的竞争优势。这种反复并不是过程的简单回归，而是一种在否定旧的生产方式之后的上升，是不同时期技术革命和工业革命影响下的产物。

2.1 第二次技术革命与企业垂直一体化生产

在18世纪以前，世界上绝大多数制造业主体都是资本有限、工人没有受过教育的小企业，甚至是一些将“各个独立的局部产品纯粹机械地组合而成”① 新产品的家庭手工业、手工工场。以蒸汽机、纺织机等新技术、新设备的发明应用为代表的第一次技术革命把人类从繁重的体力劳动中解放出来，带来了生产成本的降低和市场的扩大，促进了生产的机械化水平，改变了产品的生产方式，企业的生产规模逐渐扩大。但是，由于受到科学技术总体发展水平的制约，这一时期产品的技术含量不高，生产链条较短。“到19世纪70年代，几乎所有美国工业企业只从事制造。它们购进原材料，通过委托代理商、批发商和其他中间商卖掉它们的产品；采矿企业也以同样的方式运作；而商业企业几乎总是从事某种单一的业务，不是零售就是批发。”② 原材料生产商、运输商、制造商、批发商、零售商接力合作，共同完成一件商品从生产到销售的全过程。但是，随着经济的不断发展，特别是随着产品的增多和制造工艺的复杂化，这一生产方式的弊端越来越明显。钱德勒（2002）研究了美国产品的生产和销售情况后发现当时的销售渠道有一个弊端难以弥补：批发商不关心制造商减少生产成本的需要，批发商没有理由推广特定制造商的产品，批发商和制造商在产品设

① 马克思. 资本论（第一卷）［M］. 北京：人民出版社，1975：379.

② 小艾尔弗雷德·D. 钱德勒. 战略与结构——美国工业企业成长的若干篇章［M］. 孟昕译. 昆明：云南人民出版社，2002：26.

计上很难取得协调，生产商无法通过产品品牌和广告建立自己特殊的市场。[①] 这一弊端在产品数量不多、生产链条并不复杂的条件下并不明显。从19世纪80年代开始，第二次技术革命取得了迅猛发展，各种新技术、新发明、新创造层出不穷，并被迅速应用于工业生产，极大地促进了经济的发展。在新的历史条件下，由各环节的制造商之间、制造商和供应商之间的脱节、分离而导致的契约的不完善及各种机会主义泛滥等问题正在取代技术和管理的制约，成为影响当时经济发展的最重要因素。于是有的生产企业向前结合销售工作，建立自己的销售组织来销售本公司的产品和服务；有的企业向后结合采购工作，建立自己的原料采购和零部件生产组织，从而使更多的生产环节被纳入企业内部。就技术革命对企业的影响而言，第一次技术革命的作用在于确立了工厂制度，而第二次技术革命则将"大量生产过程和大量分配过程结合于一个单一的公司之内"[②]。从此，结合型的工业企业取代了在各个不同生产阶段经营的企业，一体化的生产方式成为经济发展的主导。第二次技术革命对企业垂直一体化产生了促进作用。

2.1.1 第二次技术革命奠定了一体化的基础

新科技革命的迅速发展和广泛运用，使生产力的基本要素发生了根本的变化。

首先，第二次技术革命促进了交通和通信的发展，为大规模生产和多部门管理提供了条件。19世纪30年代，英国物理学家法拉第发现电磁感应现象，提出了电磁感应定律，表明机械能也可以向电能转化，提供了发电机理论基础。从19世纪六七十年代开始，世界范围内出现了一系列电气发明。1866年，德国工程师西门子发明了自激式直流发电机；1870年，比利时人克拉姆制成了环状电枢自激式发电机；1873年，克拉姆又发明电动

① 小艾尔弗雷德·D. 钱德勒. 战略与结构——美国工业企业成长的若干篇章［M］. 孟昕译. 昆明：云南人民出版社，2002：33.

② 小艾尔弗雷德·D. 钱德勒. 看得见的手——美国工业的管理革命［M］. 重武译. 北京：商务印书馆，1987：425.

机，又把电能转变为机械能，实现了使用电能推动工厂机器运转的目的。在工厂和矿山，电动机开始代替蒸汽机带动各种机械，为机械化提供了动力，使工厂、矿山等工业的生产效率大大提高。动力技术革命的另一项重要成果就是内燃机的创制和使用。1876年，德国人奥托根据四冲程循环理论，成功制成了第一台四冲程内燃机。电力和内燃机在经济中的应用不仅解决了长期困扰人类的动力不足的问题，使大型工厂能够方便廉价地获得持续有效的动力供应，进而使大规模的工业生产方式成为可能，而且还推动新式交通工具的出现，促进了交通和通信业的发展。19世纪80年代后，电动机开始用于交通运输。1885年，德国人卡尔·本茨成功地制造了第一辆以内燃机作为驱动引擎的汽车。此后，汽车、远洋轮船、飞机等一系列先进的新型交通工具如雨后春笋般迅速出现，并得到大范围的应用，彻底改变了各地区的交通状况。从20世纪初开始，汽车逐渐代替了城市中缓慢的马车，成为城市交通的主要工具。铁路作为一种新的交通方式开始主导旅客和货物的运输，使及时快速的远距离运输得到保障。运输方式的改进和运输能力的提高使企业生产经营所需要的原料和中间投入品能够通过远距离运输获得，制造商可以利用遥远地区的原材料进行生产，从而克服了企业所在地资源禀赋对企业生产的约束；交通工具的改进还使企业有能力把自己的产品快速地运送到几百里、上千里乃至海外的顾客手中，从而克服了销售市场有限对企业生产规模的约束。因此，技术革命的成果使企业进行大规模生产获得了原材料供应和销售渠道的保障，使企业协调多环节生产和远距离销售成为可能。

其次，第二次技术革命推动了规模制造技术的发展，与企业垂直一体化管理恰相呼应。作为第二次技术革命的成果，大量的生产设备被发明出来并被应用于生产，使世界生产开始进入大机器时代。机械化大批量生产成为这个时期组织方式的主要代表，"即在比较短的时间内同时生产大量同类产品，然后再生产另一批稍有不同的产品"。[①] 规模制造技术的一个显

---

① 丹尼尔·A. 雷恩. 管理思想的演变［M］. 李柱流，赵睿译. 北京：中国社会科学出版社，1997：63.

著特点就是对工人的技术要求比较简单，特别是专业化水平的要求不高，但对计划的制订、执行却有严格的要求。一旦各工序之间、各生产环节之间衔接不上，造成停工待料，就会导致人力、物力的浪费。所以，应用规模制造技术的企业必须严格控制整个生产过程的协调与吻合，只有这样才能有效地降低内部交易费用，提高企业的竞争力。由于产品比较单一，组织不需要对环境变化作出灵活反应。在这种情况下“高层负责决策、基层负责执行”的单向、机械式的层级制组织结构就成为企业的最佳选择。于是，生产的集中形成了科层化的等级组织和垂直的管理机构。

最后，第二次技术革命的发展引起了产品复杂化程度的提高和新兴工业部门的发展，进一步提高了资产的专用性程度。在科学技术革命的推动下，企业对产品加工的程度不断加深，不仅导致了汽车、飞机、电灯、电车、电钻、电焊机等新产品的出现，而且还进一步拉长了产品的生产链条。同时，由于生产工艺高度发展，大量新兴的工业部门不断涌现，如电力、电器、冶金、机械、化学、汽车、飞机等部门都获得了很大发展。

2.1.2 第二次技术革命增强了企业纵向合并的压力

企业的竞争优势是动态的演化过程，既受人力资源、自然资源禀赋等外生要素的影响，又受企业内部生产结构的制约。脱胎于第一次技术革命的早期企业，生产链条较短，产品加工程度不深。在此阶段，基本要素上的优势是竞争优势的主要源泉，也就是说，企业员工劳动生产率的高低是决定企业竞争优势的最重要的因素之一。第二次技术革命引起了现代工业革命的产生，改变了企业竞争优势的构成，许多新的因素开始在经济生活中发挥作用，成为影响企业竞争优势的因子。

首先，在技术创新的推动下，分工和规模经济在企业生产成本约束中的作用不断增强。大量研究表明，分工和专业化能够促进规模经济效用的发挥，进而降低企业的生产成本，但这一效用的发挥离不开大规模生产这一客观条件。随着交易规模的增加，纵向一体化的厂商由于更高的产出量而更能够全面吸收规模经济的优势，同时，当存在多个产品生产线时，厂商联合生产比独自专业化生产更节约成本。亚当·斯密（1776）认为生产的分工和专业化能够产生规模经济，而技术的发展使劳动分工进一步深化，并引起规模报酬递增，进而使企业边界扩大。新古典经济学派马歇尔也强调技术进步和生产工具改进对企业规模的扩张作用。他认为生产分工的效率需要机械的作用，机械反过来也会促进分工的发展和企业规模的扩大，“机械促使工业规模扩大，并使工业更复杂，因而也增加了各种分工——尤其是企业方面分工的机会”。[①] 马克思在其经典著作《资本论》中也关注了生产协作、技术变革、资本积聚等诸因素对规模经济和企业生产经营的作用。他认为企业是一种分工协作的生产组织，而协作是“单个劳动者的力量机械综合，与许多人手同时完成不可分割的操作所发挥的社会力量有本质的差别”，这种协作不仅提高了个人生产力，还能“创造一种生产力”，[②] 从而产生一种 1 +1 > 2 的效果。技术的变革能使协作的范围扩大，从而导致企业规模的扩展，并进而会产生规模经济的效用。因此在技术发展水平许可的条件下，企业就存在继续扩张下去的动力，直到形成垄断。综上所述，第二次技术革命将那些具备扩大生产规模的资本条件的企业带入这样一个新的环境中：如果企业采用一体化战略，扩大生产规模，企业的生产成本就会降低，竞争优势就会进一步增强；反之，企业就会在激烈的市场竞争中处于不利地位。

其次，技术革命推动了大规模生产的发展，进而增加了交易的频率，使交易费用成为影响企业竞争优势的一个重要因素。企业在经营的过程中，必须要支出相应的费用，或者是更多的管理成本，或者是更多的交易费用。这是因为对于产品生产链条的某一环节而言，企业可以选择通过市场购买的方式从该环节生产商那里获得需要的产品，也可以选择通过一体化而将该生产环节变成本企业的一部分。前者主要是指企业的市场交易费用，主要包括搜寻成本（依产品的属性而有不同的资讯搜寻成本）、谈判成本、监督成本、契约签订成本等。科斯（1937）认为企业是市场机制的

---

① 阿佛里德·马歇尔．经济学原理（中译本）［M］．廉运杰译．北京：华夏出版社，2005：209.

② 马克思．资本论（第一卷）［M］．北京：人民出版社，1975：362.

替代物，市场和企业是资源配置的两种可以互相替代的手段。企业通过一体化使组织内部的职能相分离，形成一个以管理为主的内部市场体系。市场交易费用和企业内部管理成本之间的平衡关系决定了企业与市场的界限。“企业倾向于扩张直到在企业内部组织一笔额外交易的成本，等于通过在公开市场上完成同一笔交易的成本或在另一个企业中组织同样交易的成本为止”。[①] 也就是说，如果外部环境发生变化，从而引起企业的市场交易费用或者内部管理成本发生此消彼长的改变，那么企业的最优边界也将发生相应的调整。在第二次技术革命以前，由于企业的生产技术落后、产品加工程度不深，产品覆盖的范围有限，“就地生产、就地销售”是企业的主要经营模式。在第二次技术革命的推动下，企业获取资源和销售产品的能力大大增强，企业产品生产环节有所增加，因此，企业交易的频率和交易的不确定性都非第二次技术革命以前可比。在这种情况下，如果依然采用原有的生产模式，企业的市场交易费用会大大增加。这些增加的交易费用主要包括缔约费用和生产稳定费用。其中，缔约费用包括企业收集市场信息、预测供给需求及价格变动趋势的费用、签订采购原材料协议以及最终产品销售合同的费用以及监控贸易伙伴的费用等，这些成本随着参与该产品生产链条的企业数量的增加而增加。生产稳定费用是指企业为了保证原材料供应的稳定和销售渠道的畅通而支付的费用。在完全竞争的市场上，企业通过购买来获得自己所需要的原材料往往比纵向一体化更具有效率，但是我们现实的市场往往受到各种市场势力的阻碍，出现有效性不足，这是导致资源分配成为一种概率事件的一个重要原因。在这种风险性的市场环境里，一个企业很容易受到上下游企业市场势力的损害，特别是当需求厂商需要紧急供货时，外部供货厂商就会具有加价的强烈动机。随着生产规模的扩大，不稳定的经济关系对企业的影响不断增强。于是，越来越多的企业倾向于建立自己的生产部门来满足可预测需求水平的投入品的生产，而对于数量不稳定或不太大的投入品则主要依赖其他厂商供应。

① 科斯．企业的性质［A］．转引自路易斯·普特曼，兰德尔·克罗茨纳．企业的经济性质［C］．上海：上海财经大学出版社，2000：75－98．

对于必须依靠分销系统来大量销售产品的企业来说，销售渠道的畅通同样重要。于是我们就看到，随着第二次技术革命以来科学技术的不断突破，企业的纵向边界也随之扩展，这是企业适应外部环境发展变化的结果。

2.2 第三次技术革命与企业经营环境新变化

自20世纪40年代末开始，随着第二次世界大战的结束和广大发展中国家相继取得革命胜利，和平、稳定和发展逐渐成为社会发展的主流。科技发展的外部环境大为改善，更为重要的是，出于军备竞赛和应对国际经济竞争的需要，各国政府在推动新技术的研究和开发中发挥了积极的作用，主要表现为政府不仅直接出面主持并承担那些耗费巨大、周期长、风险大、利润不高、组织性较强的科技发展项目，购买新技术及其产品，还大力发展教育事业，为科技发展培养了大量的高质量人才，制定出科技发展的相关计划和法令，完善各种科研体制，为战后新技术革命准备重要的物质条件。在这样有利的条件下，以原子能的开发和电子计算机的发明、应用为标志的第三次技术革命首先诞生于美国之后便迅速蔓延至全球。

2.2.1 第三次技术革命的主要内容

第三次技术革命又被称为现代技术革命，主要包括信息技术、新材料技术、生物技术、新能源技术、空间技术和海洋技术领域的革命，其中信息技术、新材料技术和生物技术的发展对于企业边界变动产生的影响尤为明显。

信息技术作为高新技术的先导，是应用信息科学的原理和方法研究信息产生、传递和处理的技术。它是微电子技术、计算机技术和通信技术的总称，主要包括有关信息的收集、交换、储存、传输、显示、识别、提取、控制、加工和利用等技术，其中最为重要的是信息处理技术（主要是计算机技术）、信息传输技术（即通信技术）。电子计算机的发明和应用是人工智能研究的重大突破，人类认识世界和改造世界的能力由此大大提高。1946 年，美国出于军事需要而制造出世界上第一台电子计算机。尽管它体积庞大，运算速度只有每秒 5000 次，然而人类以此为起点，迈入了电子计算机时代的发展历程。自 20 世纪 70 年代开始，作为现代计算机技术重要基础的微电子技术获得了很大发展。1968 年，美国成功研制出大规模集成电路后，电子元件的功能发生了质变，在一块 6.45 毫米的硅片上可容纳 30 万个元件。根据业界著名的摩尔（英特尔公司创始人）定律，在过去的几十年中，微处理器的性能大约每 18 个月就能提高一倍。目前，制造集成电路的硅片直径已超过 12 英寸，加工线宽达到 0.2 微米以下。微电子技术具有可靠性好、寿命长、速度快、动耗低、品种多、换代快等优点，因而广泛应用于计算机、通信设备和智能机器人等方面，加速了电子计算机更新换代的步伐。70 年代以后，电子计算机在各国拥有数量不断增加的同时，开始向着高速化、微型化、多功能化、网络化、智能化方向发展。进入 80 年代以后，日本、美国、西欧等国竞相研制第五代人工智能计算机和第六代仿人脑计算机，形成一场研制超级计算机的国际性竞争。计算机的性能也不断变化。计算机的计算速度、存贮量和可靠性不断提高。90 年代，世界上先进的超大型通用计算机的处理速度达到每秒钟 1.5 亿条指令，运算速度可达每秒百万亿次以上。与此同时，现代通信技术也获得了很大的发展。当代通信技术的发展主要表现出两大趋势：一方面是传统通信手段，如电话、电报、无线电、电视广播、传真等获得了不断的革新、改进和普及；另一方面是一些容量大、质量好、覆盖广、快速灵活、功能多样的新型通信技术，如光导纤维通信、卫星通信、程控交换、智能终端等纷纷出现，一个个四通八达、反应灵敏、安全可靠的通信网络已经在人们生活中发挥着越来越大的作用。特别是自 1993 年美国提出“国家信息基础设施计划”（“信息高速公路”）以来，世界各国纷纷响应，把建设信息高速公路作为政府技术政策和产业政策的核心，推动了全球信息网络的发展。目前，互联网正在以比迄今为止的任何技术都快得多的速度发展，影响着世界经济发展的方向和速度。

新材料技术是现代技术革命的重要基础，因此，世界各国均把新材料技术的研究、开发和生产放在优先发展的位置，以适应和满足能源、生产工艺、产品结构上的变化需要，由此推动了世界新材料的层出不穷、日新月异。20世纪70年代以来，具有各种特殊性能的新材料（如钛合金、光导纤维、纳米材料、生物材料和智能材料等）不断涌现。据统计，1976年，世界使用的人工合成材料仅有25万种，而到1982年则发展到了33.5万种。近年来，新材料技术发展更为迅速，与信息、能源、医疗卫生、交通、建筑等产业的结合越来越紧密，新材料多学科交叉性及多部门参与的趋势日趋明显。功能材料朝着多功能化、集成化、小型化和智能化的方向发展，结构材料朝着高性能化、复合化、功能化和低成本化的方向发展，这一变化推动了基础材料产业向新材料产业拓展的进程。受此影响，新材料产业与上下游产业相互合作与融合更加紧密，产业结构出现垂直扩散趋势。

生物技术是人类最古老的工程技术之一，作为现代技术革命最重要组成部分的生物技术是20世纪70年代初在分子生物学、生物化学、生化工程、微生物、细胞生物学和电子计算机技术的基础上形成的综合性技术，包括基因工程、细胞工程、酶工程、发酵工程、蛋白质工程五个方面。自20世纪90年代以来，现代生物技术革命发展更为迅速。一大批适用范围广、通用性强、渗透性快的生物技术研究成果取得重大突破。有关生物科技的研究已经成为当今科学研究的热点和重点，全球有关生物技术的论文以及专利数已占总量的30%。据塞迪生物对1999~2003年国际著名科学杂志评选的“十大科学进展”所采集的统计数据分析表明，信息技术和生物技术所占比重均超过50%，其中生物技术高达40%。① 人类基因组序列“工作框架图谱”已经完成，成为继核能利用、航天登月、互联网之后现代科技史上的又一个里程碑。同时，生物技术与信息技术、纳米技术、能源技术等不断广泛交叉和融合，导致一大批新技术、新工艺、新产品、新产业大量涌现，如大量与人类健康密切相关的基因都已得到克隆和表达，胰岛素、生长激素、细胞生长因子等基因工程和疫苗已经正式上市，现代

① 杜金沛，杨光兵．生物技术革命下的产业趋势与发展模式［J］．生态经济，2006（4）．

农业生物技术在提高作物的抗病、抗虫、抗逆及品质改良方面发挥着重要作用，一些新型的医药生物技术、农业生物技术产业正在迅速形成。大量生物技术还逐渐被应用于传统工业，特别是农业、医药、食品、环保、轻工业、海洋和能源等领域，对于改造传统工业的工艺、技术和产业结构、提高生产力发挥着重要作用。

2.2.2 第三次技术革命再次改变企业经营环境

第三次科学技术革命对现代社会生活的方方面面产生了重要影响，极大地改变了企业发展的外部环境，这些变化主要包括以下几个方面。

第一，标准化零部件的生产和供应呈现出被半成品模块的生产和供应逐步取代的趋势。标准化是大机器生产时代的重要特征之一。标准在我们的生活中已经无所不及，但往往不为我们所觉察。盖拉德（J. Gainard，1934）说："所谓标准，就是对测量的基准和单位、物体、动作、顺序、方式、常规方式、能力、功能（职能）、作业性能（性能）、办法、布置、状态、义务、权限、责任、行动、思想准备（态度）、概念和构思等的某种特性给出定义，做出规定和详细说明，是为了在某一时期能够通用，而用语言、文件、图样等方式或模型、样本及其他具体表现方式所作出的规定。"① 生产的标准化是随着生产技术的不断革新和现代产业的发展而逐步丰富、完善的。在手工业时期，产品生产分工程度不深，加工链条较短，产品设计与制造往往带有很强的随意性，而且大多数产品的生产是由一个或者很少的几个手工工人独自完成其全过程，所以在当时也就没有必要制定标准。但是，第一次产业革命后，机械和动力在产业领域得到广泛应用，出现了利用机器进行生产的具有企业组织形态的工厂，导致了产品的大量生产，这就提出了产品生产各个环节如何协调、各零部件之间如何吻合的问题。通过对产品或零部件的种类、形状、成分、构造、质量、性

① 周鹏. 标准化，网络效应以及企业组织的演进［D］. 大连：东北财经大学博士学位论文，2003.

能、等级、安装、寿命、安全性作出普遍性的规定，不仅可以在产品零部件的生产、流通和使用方面实现通用化和互换性，保持作业的连续性和连贯性，使整个作业过程中的各个环节紧密联系起来，还有助于减少产品的类型，提高单一产品的产量，扩大单一产品的生产批量，进而通过规模经济效应降低产品的生产成本，提高产品的竞争力。正如马歇尔在《经济学原理》一书中所分析的："需要很大精密性的工作不能用手工来做，而机械做这种工作的能力，在零件配换制度迅速发展的金属工业的某些部门中，恐怕是最清楚的。只有经过长期训练，并以很大的细心和劳动，手工才能把一片金属做成与另一片金属精密地相似或互相适合，但这种精密毕竟是不完美的。但是，这正是优良的机械能最容易和最完美地来做的工作。例如，如果播种机和收割机必须用手工来做的话，则它们的最初费用就会很高；当它们的任何部分发生损坏时，只有把机器送回制造厂，或是请来高度熟练的技师花了很大费用才能调换修好。但是，实际上，制造厂备有许多由同一机械制成的、与损坏的部分相同的机械，因而就能配换上去使用。美国西北部的农民，离开优良的机械商店也许有百里之遥，但能放心使用复杂的机械；因为他知道，用电报通知机械的号码和他所损坏的机械上任何部分的号码，下一班火车就可带来一件新的机械，他自己就能装上。"① 此外，通过统一零部件的规格，还可以使生产者能够将复杂的作业划分为简单作业，特定环节的工人仅进行特定环节的单一操作，提高工人的工作效率。这种为了避免浪费、提高效率而对产品的生产规格进行统一的规定，并通过参与生产的各方共同遵守而取得效果的活动，就是标准化。标准化对跨国公司的组织体系的变革产生了极为重要的影响，它不仅是垂直一体化企业发展的基础和核心，还极大地促进了大规模生产的发展和效率的提升。更重要的是，标准化把处于不同生产阶段、独立分散的企业相互联系起来，使其成为一个有机的产业组织体系。作为一体化生产典型的福特模式和丰田生产模式实际上均是以技术标准为基础的产业标准化

① 阿佛里德·马歇尔. 经济学原理（中译本）[M]. 廉运杰译. 北京：华夏出版社，2005：209.

时代的产物。没有标准化，产品的设计、制造、销售，以致售后服务都难以在同一个企业内完成。但这一时期的标准化主要是指单个零部件或生产流程的统一，如制造统一规格的螺丝钉、螺丝帽等。

然而，随着经济社会的发展，到了20世纪70年代末，大规模生产的前提和基础发生了根本性的变化，特别是20世纪90年代开始，伴随着硅谷崛起和日本产业“失去十年”等经济现象，模块化作为一种新的生产模式，被越来越多地应用于发达国家重要产业部门的生产实践中，由此推动经济发展进入模块化大发展的时期。模块的经典概念由经济学教授青木昌彦和安藤晴彦（2003）在《模块时代：新产业结构的本质》一书中给出。① 他们认为所谓模块是指一种半自律性的子系统，通过和其他同样的子系统按照一定的规则相互联系而构成的更加复杂的系统或过程。模块不同于之前构成产品组装基础的零部件，它是一个由一些零件和加工器件按照一定的规则联合组成的、具备特定功能的而又能够独立存在的零部件集合体或者单元。一般而言，模块具有通用性和兼容性的特征，所谓通用性是指模块能够实现在不同的横系列或纵系列产品的生产链条中通用；所谓兼容性是指尽管模块的设计、生产、制造都是由不同的厂商相对独立完成，但其接口部位的结构、尺寸和参数均实现了标准化，容易实现模块间的互换和连接。这些特征使得模块不仅能在相似的产品中通用，并可应用于其他领域的产品，甚至可以满足于不同规格产品的需求。不同的模块通过标准化的接口（输入、输出）实现互通和连接，相互之间形成共享界面。而模块化则通常被理解为一种在进化环境中促使复杂系统均衡动态演进的特别结构，或者一种有效组织复杂产品或过程的战略。② 企业在进行模块化生产的时候，往往将一个产品的生产环节按照一定的联系规则分解为可以独立设立的半自律子系统（模块），对每一个子系统（模块）进行独立的研发和生产，然后将每一个子系统（模块）统一起来，组成最终产

① 青木昌彦，安藤晴彦．模块时代：新产业结构的本质［M］．周国荣译．上海：上海远东出版社，2003.

② 张其仔等．模块化，产业内分工与经济增长方式转变［M］．北京：社会科学文献出版社，2008：79.

品。模块化生产方式的应用对跨国公司提高规避市场风险能力、提高市场竞争力具有重要的作用。首先，“模块化＋兼容化”的产品设计思路使企业外部风险程度大大降低。这种外部风险是指当一个企业的产品被生产出来以后，能否被市场或消费者所接受。在传统生产模式下，由于各零部件多数为针对特定的产品所设计，与另外产品的零部件之间通用性不强，因而它们对整体产品的依附性较强，只能应用于特定的产品。如果该产品不能被市场需求方所接受，就会使该零部件的生产失去意义，甚至连带其生产设备的投入付诸东流。特别是，随着跨国公司一体化战略的实施，很多跨国公司都是自己生产这些零部件，这一状况必将使跨国公司独自承担所有的市场风险。采取模块化的生产方式之后，产品的生产过程实际上被划分为一个个相对独立单元，每一个单元的生产企业均以加工具有一定深度的通用性部件或标准化产品为主。由于这些产品可以作为中间投入品在多种最终产品的生产中使用，其生产和供应就具有了较大的稳定性。所以，即使产业群中生产该整体产品的某一个或有限几个大企业因为经营不善、遭受不可抗力等因素而出现生产规模缩减甚至倒闭，也不会引起整个产业链的崩溃。其次，采取模块化生产方式大大提高了产品的研发速度。在以前的顺序式开发的过程中，按照对产品总体的概念定义，设计和开发的各个环节都是按照顺序进行的：在前一个阶段的任务完成以后，再展开下一个任务，各个环节之间高度相关。而模块化的生产模式较好地改变了上述局面，这是因为模块化之后的研发任务转变为对各个模块部分的创新，这种创新的过程是多极平行的，而不是像以前一样环环相扣、顺序进行的，从而大大提高企业研发的速度和效率。研究开发速度的加快又会对提高企业竞争力产生积极的推动作用。

正是因为其明显优势，近年来，模块化生产的范围迅速扩展，模块化制造系统受到了越来越多的企业，特别是跨国公司的青睐。经济发展正在进入“模块化的大发展时期”。目前，手机、家用电器、汽车、航空、通信设备等产业已经较为普遍地采用了模块化方式组织生产。例如，在手机的生产过程中，射频芯片和基带芯片等主要由德州仪器、高通、摩托罗拉、高盛、飞利浦等厂家设计和生产，手机印制板、手机用电池、液晶显示器、充电器、手机用面板、电容器、电阻器、连接器、振动马达等部件也都是由多个厂家生产的。海尔集团将自己的产品划分为58个门类、9200多个基本产品类型和2万多个基本功能模块，在这一平台上，有针对性地、自由地组合，并产生出独具个性的产品。美国通用汽车公司尽管产品种类很多，但其零部件的规格都是通用的，可以在不同类型的汽车上使用。生产模块化的迅猛发展必将对企业组织结构的变动产生重要的影响。

第二，市场具有越来越强烈的不确定性。不确定性是市场经济条件下必然存在的现象。客观世界的经济运行尽管有规律可言，但不会按照线性的轨迹运行。变化已经成为当今世界唯一不变的趋势。科学技术的迅速发展极大地推动了企业竞争环境的多边性和复杂性。对企业而言，既要抵御不确定性带来的威胁，又要利用不确定性所提供的机遇，成为在不确定性条件下企业竞争战略构建的内在要求。对这一现象，理论界的认识也经历了一个逐步发展的过程。早期的经济学将外部市场的稳定作为研究的前提。以亚当·斯密的社会分工理论和李嘉图的比较成本理论以及俄林的资源禀赋差异论为代表的早期战略理论只是静态地考察了生产要素差异的变动对各国比较优势和贸易发展的影响，没有涉及外部环境的改变而产生的影响。奈特（1921）在《风险、不确定性和利润》[①]中首次将“风险”和“不确定性”作出了详细的界定和区分，提出了研究企业的新视角。在他看来，所谓风险就是可以度量的不稳定性，不确定性是不可以度量的不稳定性，其中，前者可以用客观概率来代表，后者可以用主观概率来概括。在区分风险和不确定性的基础上，奈特进一步提出风险不会为经济行为人提供获利的机会，而不确定性则提供了获利的可能性。现代研究认为不确定性之所以产生，主要有以下两方面的原因。

一是市场参与者的有限理性的长期存在。“理性人”的假定是西方经济学的基本假定之一。在古典经济学家眼里，市场经济的参与者是理性的，是能够合理地利用其有限之资源为自己谋取最大的效用、利润或社会

---

① 福克兰·奈特．风险、不确定性与利润［M］．安佳译．北京：中国人民大学出版社，2005：178.

效益的个体。但随着经济的发展和研究的深入，越来越多的经济学家开始认识到，所谓“理性”更多体现在市场参与者的主观意志方面，而非具体实践。只有在经济行为人的效用函数是明晰的条件下，市场参与者的行为才是完全理性的。但在现实生活中，这一条件的存在实际上是相当苛刻的。西蒙（1955）认为，实际上，人们的效用函数是多变的，计算能力和决策合理性程度是有限的。因此，人们可能采用“刻意的理性化”，但只能有限地做到这一点①。

二是信息的不对称性。商品生产和交易的过程中，产品的生产者和消费者、商品的买方和卖方对产品的质量、性能所拥有的信息是不对称的。在信息经济条件下，经济发展的不确定性又因为经济参与者行为选择变数的进一步扩大而更加严重。威廉姆森（1985）认为“信息不完全或者受到歪曲的透露，尤其是旨在造成信息反面的误导、歪曲、掩盖、搅乱或者混淆的蓄意行为，它是造成信息不对称的实际条件或人为条件的原因，这种情况使得经济组织的问题复杂化了”②。在现代条件下，市场发展的不确定性主要包括以下三个方面。首先是生产的不确定性，一个产品的生产过程是一个由多方生产者参与的复杂链条。现代研究认为，生产链条越长，参与者越多，前后向企业之间变动的可能性就越大，生产的不确定性就越多。只要经济处在不停地运动变化之中，不确定性就会在不同的时间地点和不同生产者之间一直存在着。这一趋势使得企业在生产经营中决策函数发生了很大的变化，应对不确定性逐渐成为企业生产的内生变量。其次是消费的不确定性。在新的历史条件下，由于生产能力的提高，消费者的消费需求在更大程度上得到满足。现代的消费者越来越强调生活消费的个性与特色。过去，客户只能调整自己的个性化需求去适应标准化的产品。随着市场环境由卖方市场向买方市场转化，客户拥有了更多的权利去选择他们喜好的商品。亨利·福特的那句名言“你可以选择你想要的任何颜色，

---

① 赫伯特·西蒙．现代决策理论的基石［M］．杨砺，徐立译．北京：北京经济学院出版社，1989：68.

② Williamson, O. E.. Markets and Hierarchies: Analysis and Anti - Trust Implications: A Study in the Economics of Internal Organization［J］. New York Free Press, 1975: 126.

只要它是黑色”已经不再适用于今天以多样化、个性化需求为基本特征的新时代。最后是突发事件的可能性、影响力趋于增强。在信息社会，拥有更多选择权的消费者在消费过程中受到外界多种因素的影响（如广告、社会舆论等）。随着社会的发展，现代媒体对经济的参与度逐步增加，新闻事件成为影响企业生产经营的重要考量。互联网的发展，使人们传递信息的渠道和速度大大增强。消费者获得商品信息的渠道和速度已经不同于以往。这一趋势并不一定导致消费者的行为更加理性。一方面，消费者信息面的扩大，使消费者有更多的能力去选择更加符合自己需要或思想观念的产品；但另一方面，消费者获得的信息不一定都是真的。一旦某种信息成为影响市场的热点，这种信息就很快成为影响消费者的重要因素。应对各种突发事件的可能性也成为企业生产函数的重要变量。

第三，产品升级换代速度大大加快，生命周期不断缩短。科学技术的发展使得现代消费品的样式日益多样化，同时产品淘汰的速度大大加快。喜新厌旧的消费倾向使一个产品的生命周期越来越短。为了适应激烈的市场竞争的新形势，不但流通末端需要尽可能减少产品库存量，生产环节也要追求实现多品种、少量化生产。例如，信息技术产品的产品生命周期在20世纪70年代平均为8年，到80年代缩短到不到2年。目前，数码产品、移动存储的产品生命周期只能以月计算。

2.3 新形势下纵向一体化不再是唯一的最佳方案

所谓纵向一体化，又称垂直一体化（vertical integration），是指企业在生产经营的过程中，沿着生产链条，将其经营范围向其投入品产业或者向以其产品作为投入品或中间产品的产业扩张，形成一种垂直的生产方式。其中生产经营活动向以其产品为投入品的产业延伸，将其原材料供应商和中间产品供应商纳入企业内部叫作前向一体化，而将其经营范围向其投入品产业延伸，将原先的产品销售部门纳入到企业内部中来，叫作后向一体化。纵向一体化在客观上直接表现为企业生产规模的扩大。现代产业组织研究表明，企业实施纵向一体化的目的非常复杂，其中既有对规模经济的追逐，也有出于节省和规范交易成本的考虑。

2.3.1 企业纵向一体化战略的利益分析

在大工业时代，垄断竞争是市场发展的主要特色。具备充足竞争力的企业往往通过谋求市场垄断地位，从而占据更大的市场份额。一般认为在市场条件相对稳定的条件下，采取纵向一体化战略，核心企业能够加强对原材料及中间投入品的供应稳定性的控制，保障销售渠道的顺畅，增强企业在市场竞争中的主动地位。主要包括以下几个方面。

1. 通过实施纵向一体化战略有助于扩大企业的生产规模，有助于节省企业的生产成本

产业经济学的研究表明：就企业的治理成本而言，市场和企业内部组织之间是有明显差别的。市场比企业内部组织能更加有效地产生强大的激励和对官僚主义低效的限制；而市场又有通盘解决问题的长处。随着企业生产规模的扩大，资产专用性对企业生产经营活动的影响就进一步表现出来了。即使是在生产技术没有很大变动的情况下，企业的长期平均生产成本呈现出明显的下降趋势。资产专用性越强，企业生产的规模经济效应就越明显。

2. 通过实施纵向一体化战略，企业可以节省交易成本

以企业内部协调取代市场交易机制是企业纵向一体化的重要内容和客观属性。实施纵向一体化的企业，将各业务环节的相互关系内化，变成了企业内部的协调。由于各业务环节均在同一企业或者管理层之内，不同利益主体之间的关系就变成了同一主体内部的关系，从而实现了根本利益和目的的一致性，使不同企业之间不稳定的协作关系变成给予企业内部行政管理制约下的合作关系。这就是生产各环节之间在生产安排、协调交货等方面有了更好地沟通，降低了协调成本、监督成本。实施纵向一体化以后，企业为了推广产品而必须支付的广告费用、促销费用得到有效削减。纵向一体化还可以使不同生产环节之间建立起长期重复的关系，这种长期的重复关系有利于企业通过总体规划设计进行专用性投资，有利于节省投资成本。这一切使企业内部化的讨价还价成本大大低于市场的交易成本。

3. 通过实施纵向一体化战略，企业可以获得生产经营的稳定性

拥有稳定的采购、销售、供应关系是一个企业生存发展和在市场竞争中立于不败之地的前提。实施纵向一体化有助于企业在不稳定的市场供应条件下获得相对稳定的要素供给或者拥有相对稳定的销售渠道。在完全竞争的市场和生产要素供应充足的条件下，通过市场交易的方式获得生产要素和生产投入品，往往比通过一体化的方式自己生产更有效率。但是这一条件在现实生活中是难以存在的。生产投入品的供应往往受到多种因素的影响和冲击，主要有：现实的市场结构往往是垄断竞争或者是寡头垄断的，生产中间产品的企业可能会受到种种原因的影响导致供应的延缓或中断（如破产、不可抗力等）。企业通过实施一体化战略，生产自己需要的投入品，可以有效提高中间投入品供货的及时性，避免在供应短缺或者需求高峰时期供货商操纵价格、供应迟缓的情况，特别是对于那些自己生产可以预期的、经常需要的大宗产品更是如此。通过实施纵向一体化战略还可以保障产品销售渠道的稳定性。企业通过实施后向一体化战略，将产品的销售部门纳入本企业内部，有助于企业有效地控制销售渠道，将其产品的特色、卖点准确地传递给消费者，有助于企业及时获得消费者对产品的意见和建议，从而调整自己的产品，以更好地适应市场和消费者。

4. 通过实施纵向一体化，可以巩固和强化企业的竞争优势

企业通过实施纵向一体化战略，将原先通过外部购买方式获取中间投入品转变为厂内经营，有助于提高企业以下几个方面的能力：一是通过纵向一体化经营，提高产品质量或者服务质量，增强企业适应市场的能力；

二是通过整合生产环节，建立或者加强企业的核心能力，掌握更多、更好的关键性技术，提高企业的差别化生产能力；三是构筑竞争壁垒，防御其他企业的潜在竞争。毫无疑问，一个企业如果将一个产品的生产链条各个环节的生产单位均纳入本企业内部，其他企业进入这一行业的困难就多。特别是在该产品的生产链条特别复杂或者生产链条的某一环节具有垄断经营的前提下更是如此。

2.3.2 新形势下企业纵向一体化的成本日益显现

自第三次技术革命以来，计算机、微电子、生物科技、电信等新技术和新产品的出现改变了企业，特别是跨国公司发展的外在环境，尤其是互联网的出现，改变了社会分工协作的方式。在新的形势下，虽然企业实施纵向一体化的收益仍然存在，但也使原先作用较小或者不是很引人注目的纵向一体化的成本问题逐步浮现出来，对企业特别是跨国公司的影响日益明显。

1. 实施纵向一体化战略的企业管理成本增大

随着时代的发展和市场优胜劣汰机制的发挥，在许多产业特别是一些传统制造业中，出现了一些大型的跨国公司，这些公司富可敌国，经济规模庞大，涉及多种产品的生产链条的多个环节，甚至占有整个生产链的生产。这种超级“恐龙”型企业的出现与纵向一体化的策略有很大关联。企业规模扩大，管理环节就多，管理成本也就随之上升。此外，企业规模的扩大还导致企业纵向链条中生产流程协调难度加大。在实施纵向一体化之前，由于企业通过市场购买的方式获得生产经营所必需的中间投入品，如果中间品供应商不能达到企业需要的产品标准，企业可以在法律允许的前提下，随时中断与开发商之间的合约和合作。但实施纵向一体化以后，通过市场选择机制来实现的生产环节之间的沟通协调变成了企业内部的协调。不同的生产管理者具有不同的利益诉求，企业生产链条越长，生产环节越多，利益的碰撞就越复杂。但由于该环节已经成为企业组成部分之一，企业管理层在供货渠道方面可供选择的方案固定；而且管理环节增多，内部信息传递迟滞，很容易产生官僚主义和行政主义。如何防止企业出现大企业病，已经成为目前实施纵向一体化企业管理层面前的一个难题。

2. 实施纵向一体化的企业经营的灵活性有所降低

纵向一体化意味着企业的命运在更大程度上由其内部供应者的竞争能力所决定。在产品变化更新速度较慢、大批量生产的条件下，企业调整产品结构的需要相对不高，经营灵活性作用也就不大。但随着信息技术革命以来产品更新速度的加快，企业需要不断调整经营方向，以提供给顾客更加符合其需要的产品，这就导致经营的灵活性成为决定企业竞争优势的重要方面。但实施了纵向一体化以后的企业，由于已经将生产环节内化，如果进行产品结构调整，可能会导致某些生产单元失去存在的意义，企业面临着较高的退出壁垒。产品技术的变化、产品设计的改变，相应地提高了企业的经营成本。

3. 企业的代理成本有所上升，创新动力不足

相对于纵向一体化企业的一个部门，独立的企业有更强的激励机制去降低成本和创新。因为市场竞争条件下，供货商和供货商之间是竞争关系，如果某个供货商不能有效地创新或者降低成本，那么它就很可能会被其他更有创新精神的竞争对手所取代。但实施了纵向一体化以后，这种可能性迅速降低。各生产环节之间共同面临一个接受产出的被俘获市场（captive market）。此外，各生产环节之间共同分配生产经营成本的体制下，很难准确地测量和界定各部门在整个生产活动中所做的贡献。优胜劣汰的市场、竞争机制的缺乏和衡量部门绩效的困难使得企业管理者难以了解其内部部门的表现是否处于最佳状态。生产部门的负责人为了自身利益的需要，往往倾向于夸大生产困难，创新动力趋弱。这种倾向推高了企业的代理成本。

经济运行的环境不同，决定企业竞争力的因素就不一。如果说在20世纪80年代以前纵向一体化是适应当时经济发展环境的最佳产业组织的话，

那么自20世纪90年代以来，特别是进入21世纪以来，国际经济发展的重大变化已经将纵向一体化的诸多弊端充分展现出来。市场发展的不确定性、消费需求的个性化要求企业经营具有充分的灵活性。信息技术的发展，特别是互联网的出现，改变了社会的生活方式和生产方式，有效地降低了多样化产品的生产成本。交通技术的进步降低了规模经济的重要性和范围经济的地理疆界。通过灵活组合的、多样化的产品来满足消费者个性化需求的时代已经来临。新的形势对企业的组织形式变革提出了新的要求。

2.3.3 垂直分离化渐成企业组织调整新现象

近年来，越来越多的企业，特别是跨国公司已经充分地意识到了经济发展的这一新趋势，开始调整自己的生产结构和组织模式，特别是一些汽车和电子行业的跨国公司将原来在企业内部的许多生产环节和生产部门外包给市场厂商，将注意力集中于自己最具竞争优势或最擅长而利润又最丰厚的环节，并通过控制生产链的一个关键点，来实现对整个产业链的控制。从系统论的角度而言，这一趋势实质上是将企业组织系统的内部系统变为企业组织的外部环境，企业的内部生产变成外部采购。这不是对纵向一体化的否定，而是企业在更大范围和更大程度上控制生产链的一种生产方式，是企业从显性一体化走向隐性一体化的过程。从经济发展的实践看，垂直生产链条的分解、分离已经在诸多行业的跨国公司中存在，对企业的经营效益产生了重要影响。下面以汽车产业、电子产业、通信产业为例，介绍跨国公司产业链结构的变化。

1. 汽车产业尝试垂直分离

在经济发展的历史长河中，汽车企业曾经是较为推崇纵向一体化的产业之一。在全球具有重要影响的汽车生产企业都曾经坚定地实施过纵向一体化战略。例如，通用汽车（General Motors）就是一家通过大规模兼并起家的跨国公司。1886年，威廉·C. 杜兰特在美国投资设立了一家马车制造公司，8年后，他又参股别克（Buick）公司。1908年，以两家公司为基础，成立了后来闻名世界的通用公司，随后开始了其不断购并、扩张的发展过程，包括购买欧尔德汽车公司的股票，采用以股票换股票的方式将包括奥兹莫比尔、凯迪拉克、庞蒂克等知名汽车企业在内的20多家汽车制造厂、汽车零部件制造厂以及汽车推销公司合并起来，形成了一家规模庞大的巨型汽车制造企业。1918～1920年，通用公司在一体化方面采取了更大的步伐，收购了雪佛兰、谢立丹汽车公司，组建了加拿大通用汽车公司和通用汽车承兑公司。为了确保零部件和各种附件的供应，通用集团还组建了联合汽车公司，作为通用集团的配套企业。1923年，斯隆接任通用集团以后，进一步采取措施提高了产业链的集中程度，将一体化的诸多部门集中于公司总部的集中垂直管理之下。通用公司通过坚持一体化的扩张战略，打造出一条完整的价值链，对公司的有机体生产了重要的推动作用，使通用集团发展成为一家具有全球影响力的重要企业。1928年，通用公司的汽车产量首次超过福特公司，跃居世界首位。

随着经济形势的变动，通用集团开始逐步意识到垂直一体化战略中存在的诸多问题，冗长产业链结构的低效以及由此带来的大企业病严重地降低了公司经营灵活性。在产品更加丰富多变因而更加适合顾客的日本汽车的冲击下，福特汽车开始转型，将一些利润率偏低的零部件部门分离出去。成立于1988年的德尔福集团是通用汽车的零部件生产集团，其业务总额的80%是为通用汽车提供的。1999年，德尔福从通用旗下分离出去，并在纽约证券交易所挂牌上市，成为一家完全独立于通用汽车的汽车零部件供应企业。自此，通用汽车在全球范围内寻找质量和价格更有竞争力的零部件供应商，而德尔福开始为全球汽车企业提供汽车生产的中间投入品。德尔福的分离非但没有引起通用集团业绩的下滑，反而使通用进入了一个新的发展时期。1999年，通用企业营业额同比增长率从1998年的－9.5%上升到1999年的9.4%，2000年仍然保持了5%的增长率。利润额同比增长率从1998年的－56%增长到1999年的103%[①]。

① 美国历年《财富》杂志1999～2000年，转引自《国际统计年鉴》1999～2000卷，中国统计出版社.

2. 电子产业的垂直分离趋势

与通用集团一样，惠普集团也是一家曾经实行纵向一体化和横向一体化的大型企业集团。打印机是其重要产品之一。在21世纪以前，惠普集团自己生产打印机的主要零部件。从20世纪90年代末开始，惠普集团在企业的经营过程中发现了一个令人头疼的情况：该公司每推出一个新的产品或者对原有产品以新的思想进行新的改造，都会很快被其他的竞争对手所模仿。但是在打印机的加工组装方面惠普没有绝对的价格优势。于是惠普就面临一种极为尴尬的境地：要么经常被模仿，自己投入大量的研发经费，获得的成果再次被他人模仿；要么降低研制新产品的速度，在原有产品设计上同其他企业开展成本竞争。但惠普认为，惠普之所以成为惠普，主要在于其能够不断为客户提供新的产品，而不是在产品成本的节省。正如惠普某分公司副总裁兼消费产品集团总经理安东尼奥·佩雷斯（Antonio Perez）说的："他人也能够像我们那样做，甚至做得更好，成本更低。"① 通过分析，惠普集团认识到自己的竞争力在于推出新产品的能力。在新的理念指导下，惠普对打印机的制造体系进行了大刀阔斧的改革。2000年2月，惠普将位于加利福尼亚州兰乔伯纳多生产喷墨打印机的公司进行了压缩，部分生产环节转移给诸如索莱克特龙公司（Solectron Corp.）这样的承包商，而后又将另一家位于博伊西生产电路板的公司资产卖给了贾比尔电路公司（Jabil Circuit）。惠普公司生产链条的变革同样是成功的，非但没有降低其业绩，反而帮助公司进一步提高了竞争能力。

3. 通信产业分离出呼叫中心

随着企业规模的扩大，公司内部通信问题逐渐成为大型跨国公司的一项必不可少的业务。在30多年前大型跨国公司刚刚出现专门呼叫机构的时候，多数企业使用了自用型的呼叫中心。随着通信技术的不断发展，呼叫服务正在逐步成为与企业其他部门特质相差较大的领域。很多企业将呼叫

① 金辉，杨帆．外部寻源［M］．北京：中国时代经济出版社，2005：38．

业务交给专门的呼叫企业，而自己专注于其核心业务。也有很多企业在规模扩大的过程中根本不设立呼叫中心，直接将这一业务委托于他人。“做你最擅长的，其余的交给呼叫中心”，组织管理专家 Tom Peters 的这句名言正在成为许多企业重构本企业生产链条时考虑的重要原则之一。

据统计，在世界 500 强中，90% 的企业利用呼叫中心从事至少一项主要的商业活动，85% 的企业比以前更加注重应用呼叫中心从事更多的市场销售。当被问到为什么这么做的时候，90% 的企业认为越是利用呼叫中心，越能增加竞争力。①

① 朱正圻．现代服务跨国外包［M］．上海：复旦大学出版社，2009：96．

第3章

跨国公司垂直分离的内涵与表现

企业中间投入品究竟应该自己生产还是从外部市场购买，或者准确一点说，什么样的产品应该自制，外购应当保持在什么程度上才合适，一直是产权学派和制度学派争论不已的话题。从经济运行的实践来看，在20世纪，纵向一体化一直是国际制造业运行的主要方向。但在新科技革命和经济全球化的推动下，自20世纪90年代以来，特别是国际金融危机发生以来，跨国公司的经营战略发生重大变革。许多巨型企业放弃了将上下游生产链条集成于企业内部的做法，转而加快剥离非主营、非核心业务，大幅度收缩经营范围，形成所谓的非投资异地化生产模式，这种新趋势被称为跨国公司生产链条的垂直分离（vertical disintegration）。

3.1 跨国公司垂直分离的内涵

跨国公司垂直分离的概念最早由经济学家马歇尔在20世纪初提出。他认为，专业化的投入品的可获得性能够降低企业生产成本，大量的企业在特定空间里聚集，必然会导致企业生产成本的节约和企业组织形式的变革。其后又不断有经济学家对企业组织结构调整的发展趋势和基本内涵进行研究。一般认为，垂直分离是指跨国公司将原来在企业内部的纵向链条上的生产过程分离出去，或者说从价值链体系的某个阶段中撤离出来，转而依靠外部供应商来供应所需产品、支持服务或者职能活动。[①] 跨国公司垂直分离化不是简单的生产车间的对外出售，而是一个企业产品生产体系调整变动的过程，是生产链条各个环节与环节、企业与企业之间关系的再调整，包含着丰富的内涵。

3.1.1 跨国公司垂直分离化是企业从现实边界向虚拟边界的转变

跨国公司垂直分离化是一个产品生产链条的变化、调整的过程。从表面上看，跨国公司垂直分离化的实施引起了企业边界的缩小。但实质上，它导致了企业产业链纵向治理关系的变革。在传统经济学里，产品生产链纵向关系的治理模式有两种基本形式：由企业自己生产和由外部企业供应。由此也就决定了企业边界的确定性。凡是属于企业自己生产的，均属于企业边界之内。通过购买实现的环节，均属于市场。因此，科斯和威廉姆斯在建立交易成本理论的时候，主要从“市场—企业”两分法的角度进行了分析和论述。在科斯看来，企业的生产技术和交易成本影响和决定着企业的边界，其中，前者决定了企业的生产效率；后者决定了企业经营的成本。企业选择在企业内部生产还是通过公开市场交易主要取决于内外成本的比较。威廉姆斯在有限理性和机会主义的假设前提下，从资产专用性、不确定性和交易频次三个维度指出了企业边界的影响因子。他认为，经济活动的不确定性、交易频率、资产专用性越高，企业实施科层式治理的可能性就越大。反之，如果专用性程度越低，企业通过市场购买获取发

① 约瑟·A. 汤姆森，A. J. 斯迪克兰迪. 战略管理：概念与案例（第10版）[M]. 段盛华，王智慧等译. 北京：北京大学出版社，2000：172.

展资源的倾向就越明显。非市场即企业、非企业即市场曾经一度是传统经济学的主要观点。但是，随着经济的发展，企业的实际情况发生了很大的变化，特别是交易成本理论假设的“企业均是同质的”这一前提越来越不符合实际。企业赖以保持长期竞争优势的核心知识和能力成为决定企业生产边界的重要因素。随着垂直分离化的实施，跨国公司的生产环节逐步转移到企业之外，但是并没有转移到公司控制的范围之外。在垂直链条的对外转移中，由于跨国公司的需求并没有消失，企业通过一系列的制度安排（如长期供货合同、仅对外转移从属环节等），使本企业处于产业链供应的中心和主导地位，在整个产品生产中发挥支柱作用。其存在和发展是整个生产体系存在和发展的中坚力量，控制和管理着整个生产链条，特别是生产的流程、技术标准、参加者之间的分工关系，其他企业均围绕核心企业运转而又按照自身规律独立决策。于是，在产业链纵向关系治理方面就出现了既不同于一般意义上的市场又不同于企业的、新的中间组织。有研究者认为企业垂直分离化就是企业纵向一体化相反的过程，将垂直分离化理解为企业重新向市场的回归，这是偏颇的。随着企业垂直分离化的实施，企业的所有权边界（也有人称为有形边界）确实较之以前缩小了，但是企业实际控制的范围在扩大，这一范围被称为能力边界或无形边界。也就是说，企业的传统意义的边界呈现出不再一味沿用纵向一体化时期的发展路线，而由核心企业控制的企业群的边界却逐渐清晰起来。金毓（2004）认为在网络经济时代，企业组织变革的一项重要特征就是企业边界的模糊化，企业群体向虚和实两个维度发展。所谓“虚”是指企业通过生产外包、销售外包、研发外包、策略联盟等方式和其他企业形成的业务关系；所谓“实”是指企业通过国企业本身强劲的品牌运作能力、强大的培训机制、高效的管理系统、灵活的反应能力来形成本企业的与众不同的竞争力。① 企业群边界的确定同样按照市场经济发展的规律确定。

---

① 金毓．从权边观念看网络经济时代企业组织的变革［J］．合作经济与科技，2004（10）．

3.1.2 跨国公司垂直分离化是企业网络组织的形成过程

跨国公司通过实施垂直分离化使产业链的组织结构发生了变化，这一过程是与生产零部件模块化生产方式同步推进的。在现代技术革命的推动下，原有的产业链通过纵向分解，形成了具有标准界面、兼容性强、可以重复利用的价值模块，这为生产链条在空间上的分隔创造了条件。为了获得更大的经济利益，跨国公司往往从全球资源配置的视角出发，在不同地区或者全球范围内按照东道国的比较优势或者资源优势配置其生产链条的各个环节。并且采取一定的方式使各个生产环节紧密地结合起来，构成统一而完整的国际生产体系。例如，通用公司从 20 世纪 80 年代开始，通过一系列的组织重组方式，将其零部件生产单位改变为 8 个，这 8 个单位都拥有自己的特殊优势，它们相互结合在一起，创造了所谓的专业化联营。跨国公司实施分离化以后，就生产供应链的构成来看，一个涉及多家企业、相互分散而又相互依赖、内部协作密切的生产网络就建立起来了。图 3－1 描述了跨国公司纵向一体化和垂直分离化两种战略下的产品生产网络的不同。在图 3－1 中，$P_{si}(s=a,b,c,d;i=1,2,3,4)$表示四种产品的生产过程。（A）表示一般意义上的生产过程。该产品的生产链条包括四个环节，有四个厂商分别生产，最终达到用户手中。为了进一步扩大生产规模，企业进行了纵向一体化，将第二、第三个生产环节进行了合并，生产厂商变为三个。生产 P_2 和 P_3 环节的厂商得到了规模经济和经营优势，但同样面临管理成本增加、经营灵活性差的问题。实施垂直分离以后，不是生产链条向最初的生产过程回归，而是进一步深化企业之间的合作。在（C）中，共涉及四种产品的生产。由于各个生产环节均实现了模块化，使每个环节生产出的中间投入品的实用性大大增强。每一模块产品不仅仅适用于单一产品的生产，如模块 P_{a2} 同时是生产 A 产品和 B 产品的中间投入品。在垂直分离的过程中，原先同时生产 P_2 和 P_3 环节的纵向一体化企业将两个生产环节分开，各自独立，生产 P_{a3} 的厂商出于两条生产链条的交汇点上。无论是从产业链的上游还是下游看，它均处在一个网络状生产体系

（A）产品的一般生产过程

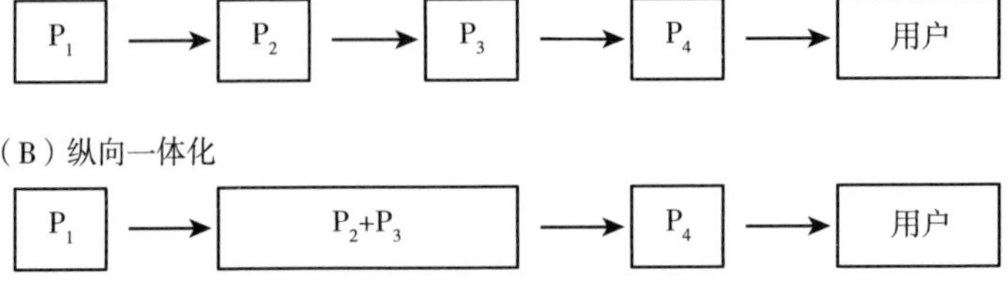

（C）垂直分离化形成生产网络

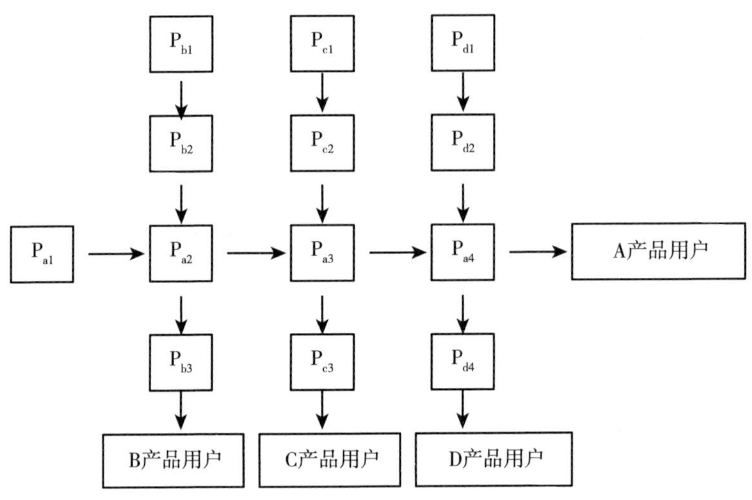

图3－1　跨国公司垂直一体化与垂直分离化

之中，向多个企业购买中间投入品，同时向多个企业（非同一产业链企业）出售其产品。例如，微软公司通过提供操作系统中的跨组织资源，使其合作网络发展成为一个共有7752个系统集成商、5747个开发服务提供商、3817个独立软件销售商、2717家培训公司、1253个互联网服务提供商和938家商业咨询公司等3万多个成员企业组成的庞大网络。①

随着垂直分离的进展，产业链条会越拉越长，引起产业分工的进一步深化，导致越来越多的企业从事特定产品的专业化生产，形成新的子产业。例如，在汽车产业中，大量企业以代工的方式专业生产轮胎，同时供

① Lansiti Marco and Levien Roy. Strategy as ecology［J］. Harvard Business Review，2004，82（3）：68－78.

应多个厂商，形成了汽车轮胎产业。这样，子产业链的宽度不断增加，链条内企业之间的合作关系不断深化。最终，构成大产业的众多企业在产业链价值段上，纵向之间形成了互补关系，横向之间形成了替代关系，各企业生产中间投入品的购买和最终产品的出售均在一个生产网络中进行。

3.1.3 跨国公司垂直分离化促进了企业垂直专业化生产

随着跨国公司垂直分离化的实施，以巨型跨国公司为微观载体和组织者的国际直接投资活动使国别经济的意义下降，国际分工进一步深化。从总体上看，跨国公司在全球范围内优化配置资源，产品生产已经突破了国家疆域的限制，扩展到全球；国际分工经历了产业间、产业内等阶段向产品内、工序内分工转变，分工的内容从低端的加工组装向研发、设计、营销等高端环节转变（裴长洪等，2007）。因此，跨国公司垂直分离化的过程实质上就是生产分工进一步深化的过程。作为结果，原先集中于特定区域的产品生产被分解到不同的地点进行。由于要素禀赋、规模经济、范围经济等因素的影响，很多国家将在越来越大的程度上放弃整个产品的生产，而倾向于专业化生产产品的某一工序或者某一零件。这种特定产品的生产过程被划分为多个生产环节，以垂直贸易链相互连接的生产方式被称为"垂直专业化"。垂直专业化示意图见图 3－2。这种生产模式至少包括三个条件：（1）最终产品的生产由多个生产阶段完成；（2）两个或两个以上的经济体必须在生产该产品的各个环节进行专业化生产，但不是全部阶段；（3）在生产过程中，至少有一个生产阶段跨越国界①。因此，垂直专业化的实质就是一个国家或地区由境外获取中间投入品或者最终将自己生产的产品出口到国外合作厂商，专业化生产和产品出口是垂直专业化不可或缺的内容。垂直专业化以跨国公司垂直生产链条垂直分离为前提，是垂直分离变化的必然结果。垂直分离化和垂直专业化都是新形势下产业链变

① Hummels D, Jun Ishii, Kei－Mu Yi. The Nature and Growth of Vertical Specialization in World Trade［J］. Journal of International Economics, 2001: 54.

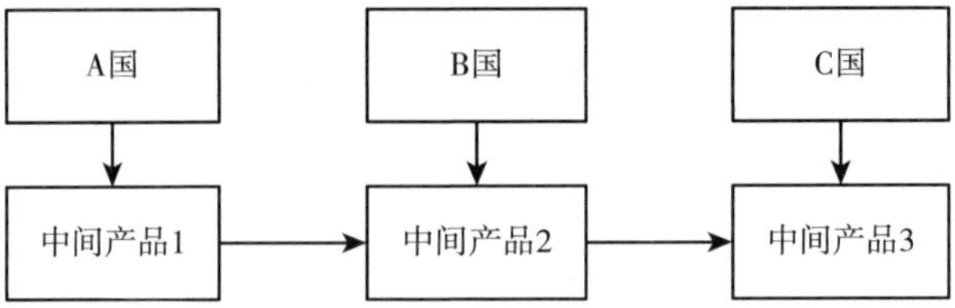

图 3-2　垂直专业化

动发展同一规律的不同表现方式，其中，前者主要是指跨国公司产业链变化的过程，而垂直专业化是跨国公司产业链变动发展的形态。

3.2　跨国公司垂直分离化的度量与趋势

由于垂直分离化和垂直专业化描述了国际生产链发展变化的两个方面，二者在本质上具有统一性。因此，理论界在对垂直专业化的测算和对垂直分离化的测算方面一般不加以区分。本书将在借鉴已有文献的基础上，优化和简化测算方法，描述近年来跨国公司垂直分离化的发展趋势。

3.2.1　跨国公司垂直分离化的测算方法

从已有的文献看，国内外学者测算跨国公司垂直分离化的方法均是以产品生产链条贯穿多个国家为前提。这一前提意味着不同国家间多个公司协作，由国家 1 的跨国公司生产产品出口到国家 2 的跨国公司，该跨国公司结合其拥有的资金、劳动力和其他投入品生产出新的产品，再销往国家 3 的跨国公司。产品生产链条垂直分离的测算方法主要包括以下几种。

1. 价值增值贡献率

该方法由山田（Yamada，2001，2002）率先提出和发展。她的测算基本原理如下：一个产品的销售收入是中间投入产品的价值和生产阶段企业价值增加的增加值之和。由于产品生产链条各个环节在市场经济发展中所处的地位不同，因此利润并不是在各个环节平均分配的。根据价值链微笑曲线的原理，各个环节的利润差别是很明显的。那么，在企业的生产经营中，市场需求是不停变动的。如果一种最终产品的需求增加，不同内生经济体生产的价值增值是不相同的。通过测算不同经济体价值增值的所占的比例，就可以反映出一个经济体在该产业或产品生产链条中的地位。这一方法被植村博恭和王江（Hiroyasu Uemura and JianWang，2005）率先用来分析跨国公司在国际生产关联中的地位。其具体表达式为：

$$\mathrm{VDI} = M/Y = 1 - VA/Y \tag{3.1}$$

式中 M 为中间投入品的价值，VA 为增加值，Y 为销售收入。如果一个行业完全实现了一体化，则没有中间投入，VDI 为零。一个行业完全从外部购买中间投入，则 VDI 等于 1。VDI 增加意味着行业垂直分离的程度增加，反之，意味着垂直分离的程度降低。

该方法最大的好处主要有两方面：一是该方法需要的数据相对简单，统计部门每年均有相应的统计数据发布，计算样本数据容易获得；二是该方法计算简捷，能够较快地计算出结果。但是这一方法也有很大的局限性。垂直分离指数的存在很容易受产业链不同阶段和最终产品价格影响。通常，一个经济体在生产链中的地位越接近下游，中间产品的投入就越高，垂直一体化的指数就越高；越是在一个产业发展的早期阶段，垂直分离的指数就越小。

2. 直接和间接消耗系数

跨国公司垂直分离化是一个产品生产链条调整、变动和重新组合过程，必将引起生产环节前后向之间关系的变化。因此，也有部分经济学家使用前后向直接消耗系数来测量产业链垂直分离的关系，如赫希曼（Hirschman，1957）等。拉斯穆斯（Rasmusse，1958）、钱纳里（Chenery，1958）等学者进一步将投入产出表中的里昂惕夫逆矩阵应用到对生产链垂直分离化的测算中，使应用前后向消耗系数测算更加符合经济发展的实际。其具体表达式为：

$$\mathrm{DBL}_j = \frac{\sum_i X_{ij}}{X_J} = \sum_i a_{ij} \tag{3.2}$$

$$\mathrm{DFL}_j = \frac{\sum_j X_{ij}}{X_i} = \sum_j a_{ij} \tag{3.3}$$

其中，DBL 为直接后向消耗系数，i、j 分别代表具有关联关系的两大行业。X_{ij}为特定时期行业 i 对行业 j 的中间投入品的量。X_i 为行业 i 的生产总投入量，X_j 为行业 j 的生产总投入量。X_{ij}是行业 i 对行业 j 的中间投入量。a_{ij}表示生产一单位的 j 产品需要投入的 i 行业的产品数量，又被称为直接后向消耗系数。DFL 表示的是生产 j 行业的所有上游企业对下游企业投入的中间投入品的总和在上游企业总投入的比重。将各产品（或产业）部门的直接消耗系数用矩阵的形式表示，可以得到直接消耗系数矩阵。考虑到产品生产的间接消耗，部分学者又引入了影响力系数来作为参考数据。于是直接消耗系数就由完全替代系数代替，由里昂惕夫逆矩阵表示。

应用直接和间接消耗系数可以较为全面地反映出一个产业的生产发生变化时对为其提供直接或间接投入品产业的生产发生相应影响的能力，即各产业间的相互关系。但是这一数据更多地反映了产业之间的关联程度，与生产链垂直分离的测度并不完全一致。

3. 垂直专业化指数法

该方法以生产产品的投入产出为基础，考察制造业企业的垂直分离程度，由赫姆尔兹等（Hummels et al.）创立，后又被克鲁格曼、格鲁贝尔（Grubel）、洛伊德（Lloyd）等经济学家加以阐述和丰富，沿用至今。该方法认为，在垂直生产网络中，如果用于生产的零部件、配件、组件或处于不同加工工序的中间产品被用于另外一个企业的生产时，就产生了垂直分离的现象。从这一思路出发，要考察垂直分离的程度，可以从三个方面出发。

一是出口垂直分离指数。主要考察在一个经济体出口产品中进口中间投入品的比例，其数值表达式为：

$$EVS_i = M_i/G_i \times EX_i \tag{3.4}$$

其中，M_i 为出口产品 X_i 的进口中间投入价值，G_i 为该产品的总产出，EX_i 为该产品的出口数量。VS_i 表示出口产品 X_i 中间投入品的中间投入价值 M_i 的数量，即一个经济体出口中所包含的外国投入品的价值。这一部分价值虽然是经济体对外出口，但其生产确实是在经济体外进行的。为了更加清晰地度量垂直分离化程度，还需要引入比重的计算，以 EVSS 表示。其计算公式为：

$$EVSS_i = VS_i/EX_i = M_i/G_i \tag{3.5}$$

$EVSS_i$ 与垂直分离化是正相关关系。如果一个经济体的 X_i 产品生产所需要的中间投入品全部由本经济体生产，而不进口任何中间投入品，或者进口的中间投入品全部用于消费而不是生产，则 $VS=0$；如果一个经济体仅仅利用外部资源和生产要素进行生产 X_i 产品，则 $VS=1$。

根据公式（3.4）和公式（3.5），我们对各行业进行加总，就可以计算出一个国家和地区总的出口分离指数。其计算公式为：

$$EVSS = \frac{\sum VS_i}{\sum EX_i} = \sum\left[\left(\frac{EVS_i}{EX_i}\right)\left(\frac{EX_i}{EX}\right)\right] \tag{3.6}$$

二是进口垂直分离指数。与出口垂直分离化指数相类似，进口垂直分离化指数主要考查在一个产品总出口中所包含的进口中间投入品的比例。相对于制造业的行业部门 i 而言，其进口垂直分离化价值测算表达式为：

$$IVS_i = \frac{IM_i}{TIU_i} \times TIM_i \tag{3.7}$$

其中，IM_i 为生产产品 i 所需要的进口中间投入品价值，TIU_i 为生产产品 i 的中间使用总额；TIM_i 为生产产品 i 的中间投入品价值。公式（3.7）表示的是进口垂直分离的价值额。如果等式两边除以制造业的总进口额，就可以得到在该经济体的进口垂直分离指数。其计算公式为：

$$IVSS_i = \frac{\sum IVS_i}{\sum M} = \sum_i\left[\left(\frac{IVS_i}{M_i}\right)\left(\frac{M_i}{M}\right)\right] \tag{3.8}$$

三是内销垂直分离指数。主要指在总产出中内销商品所包含的进口投入份额。从定义中可以看出，内销垂直分离指数等于进口垂直分离指数与出口分离指数之间的差额。

以上三个方面较为完整地描述了生产链垂直分离的面貌。以该种方法测算跨国公司或者经济体垂直分离的发展状况，具有真实度高、应用广泛等优点。但是，与价值增值贡献率等方法相比，其最大的缺点在于数据的易获得性较差。主要因为这一方法的使用是以投入产出数据为基础。但近年来，能够提供各地区或各经济体投入产出数据的投入产出表（input-output tables）每隔几年才编写一次，并且可获取的数据对行业的划分不够精细。但毕竟垂直专业化指数法是测算垂直分离最权威、最准确的测算方法之一。本书将使用出口垂直分离指数（EVSS）测算近年来全球跨国公司垂直分离的总体状况和发展趋势。

3.2.2 跨国公司垂直分离化的定量研究

跨国公司生产分离化作为当前世界经济发展的一个热点问题，吸引了众多学者的目光。他们大多从众多的案例中感受到了这一经济现象的迅猛到来，也对其测量方法进行了总结或表达了主张。然而，鲜有研究者对当前全球范围内跨国公司生产分离化的概况进行数字化的描述。本书将就这一问题进行讨论。

1. 关于生产分离化发展概况分析的数据来源和研究工具

不同的研究工具需要使用不同的经济数据。价值增值贡献率需要获得各行业中间投入品价值、产品增加值和销售收入；直接消耗系数法需要对产品前后关联系数进行计算；垂直专业化指数法需要获得各行业的总产出、出口量和中间投入品的量。数据均可在各国统计部门的有关文件中获得，但是不同国家的统计口径、计算方式均有差异，难以做到统一。经济合作与发展组织每隔一定时间推出投入产出数据表。依据其数据也可以对跨国公司生产分离化的状况进行描述。其数据基本来源于各国官方，具有较强的权威性。但也存在一定的问题，如各国提供的投入产出表的年份不同，各国核算编制过程中采用的产业分类不统一。世界投入产出数据库（World Input-Output Database，WIOD）在此基础之上提供了跨区域的投入产出数据，包含了43个经济体56个产业之间的跨地区的投入产出数据，不仅有助于我们观察各国各区域投入产出的结构，还能够探测跨国的、跨区域的投出产出状况，进一步将全球价值链量化。下文将应用WIOD提供的2000~2014年43个经济体（43个经济体以外的国家和地区被归于“其他”类）的投入产出数据，对当前全球生产分离化的总量特征、行业特征和区位特征进行描述，并对重点国家的发展状况作简要概括。

2. 2000~2014年全球生产分离化发展的总体概况

受到生产率增长乏力、投资疲软和全球劳动力老龄化等因素的影响，进入21世纪以来，世界经济增长乏力。全球债务危机阴魂不散，多边贸易体系受到威胁，区域经济一体化进程受阻，未来经济发展依然面临着很大的不确定性。但生产分离化以及由生产分离化带动的贸易增长却成为世界经济发展中的一大亮点。

从图3-3中可以看出，进入21世纪以后，全球中间产品采购量经历了一个长达7年的不间断增长期。2001年，全球中间产品采购量仅为61.6万亿美元，到2008年增长到126.93万亿美元，翻了一番，特别是在

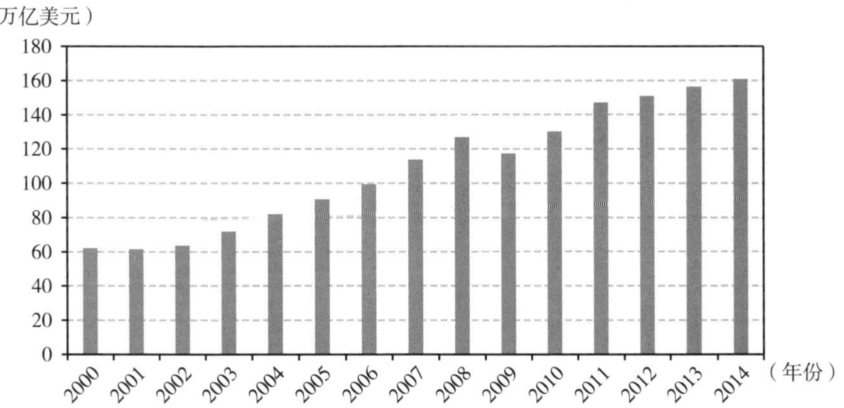

图3-3　2000~2014年全球中间产品采购量变动趋势

资料来源：根据WIOD国家间投入产出数据库数据计算。

2003~2005年年均增长率均超过了10%。其后受到2008年国际金融危机的影响，出现了短暂的下滑。但两年后的2011年，全球中间产品采购量再次超过2008年，表明了全球中间产品采购增长的顽强生命力。从2012年开始进入稳步增长期，总量一直在增长，增长速度虽有所放缓，但仍然好于同期全球经济其他方面数字的变化。

（1）生产分离的行业特征。WIOD将产业细分为56个行业，与我国平常统计数据不完全一致，为了描述的方便，我们将这些产业进行归类，部分中文名称进行了简化，与我国利用外资的产业结构保持大体一致（见附表2）。生产分离在行为模式上表现为买入中间产品（input）和卖出中间产品（output）两个事实上统一的两个方面。从产业发展上分析，买入中间产品的企业是承接其他产业分离出来的环节的企业，如制造业部门原有的服务环节分离出来交给专门提供相关服务的服务部门，在统计意义上就是制造业部门买入服务行业的中间产品、服务部门向制造业部门卖出中间产品。表3-1和表3-2分别从买入（input）和卖出（output）两个方面统计了进入21世纪以来部分年份生产分离的行业特征。鉴于本书主要研究国际生产体系的变动情况，所以在对行业特征、区位特征进行分析时，没有将家庭消费、非营利组织消费、政府消费和因为储存导致的价值变动统计在内。

表3-1描述的是各行业对中间产品的采购量，说明了哪些行业已经把生产环节转移出去从而需要其他企业进行产品供应，在一定意义上表现出这些产业的分离程度。根据表3-1，第二产业由于其产业链条长、产品的标准化甚至模块化，更具有生产的可分性，因而成为对外中间产品采购的重点行业。2014年，对其他行业的跨国中间产品采购达51.33万亿美元，占总采购额的60%，服务业也占有较大比重。2014年，对其他行业的跨国中间产品采购达31.83万亿美元，占总采购额的37.22%。从动态变化的角度看，第二产业的增长速度略高于第二、第三产业。从2000~2014年，第二产业增长了2.23倍，而第一产业、第三产业分别增长了1.78倍和1.41倍。细分到各个行业，2014年采购量最大的五大行业是“建筑业”（78078亿美元）、“批发和零售业”（53587亿美元）、“食品、饮料和烟草

制品的制造”（51160 亿美元）、“交通和运输设备制造业”（44992 亿美元）、“电力、热力、燃气及水的生产和供应业”（42177 亿美元）、“交通运输、仓储和邮政业”（40175 亿美元）。而采购量最小的五大行业是“基本药品及制剂制造业”（7695 亿美元）、“家具制造业”（7520 亿美元）、“纸及纸制品制造业”（7388）、“科学研究和发展”（3659 亿美元）、“印刷业和记录媒介的复制”（3088 亿美元）。增长最快的五大行业是“化学品及化学产品制造业”（增长 2.37 倍，与 2000 年相比，下同）、“电气设备制造”（增长 2.41 倍）、“其他制造业”（增长 2.84 倍）、“电力、热力、燃气及水的生产和供应业”（增长 2.84 倍）、“焦炭和精炼石油产品的制造”（增长 3.55 倍）、“采矿业”（增长 5.35 倍）。印刷业和记录媒介的复制、家具制造业、纸及纸制品制造业、金融业、房地产业增长最为迟缓。

表 3－1　　各行业中间产品采购量　　单位：亿美元

行业	2000 年	2005 年	2010 年	2014 年
第一产业	8301	11493	18194	23794
农、林、牧、渔业	8301	11493	18194	23794
第二产业	158943	245343	387217	513330
采矿业	4082	9163	17997	25915
食品、饮料和烟草制品的制造	16876	24158	38462	51160
纺织品、服装和皮革制品制造业	7455	9546	15179	20941
纸及纸制品制造业	3664	4672	6389	7388
印刷业和记录媒介的复制	2027	2355	2688	3088
焦炭和精炼石油产品的制造	6924	13420	23685	31531
化学品及化学产品制造业	9570	15041	23308	32265
基本药品及制剂制造业	2580	4161	5975	7695
橡胶及塑胶制品制造业	4905	6958	10149	12910
金属制品制造业（机械及设备除外）	6467	9044	12871	16973
计算机、电子和光学产品制造	11825	15551	22523	28707
电气设备制造	5342	7277	13551	18191
未有于别处分类的机械及设备制造业	7909	12142	18923	24802
交通和运输设备制造业	15541	22417	34802	44992
家具制造业	3863	5113	5969	7520

续表

行业	2000 年	2005 年	2010 年	2014 年
电力、热力、燃气及水的生产和供应业	10970	20900	32630	42177
建筑业	23581	37304	58994	78078
其他制造业	15362	26122	43122	58997
第三产业	132025	191934	262524	318376
批发和零售业	23432	31430	44306	53587
交通运输、仓储和邮政业	14254	22706	32692	40175
住宿和餐饮业	8217	11410	16196	19593
信息传输、计算机服务和软件业	8874	12315	16679	19820
金融业	15026	19994	26266	31116
房地产业	8599	14364	15800	18673
科学研究和发展	1284	1976	2961	3659
教育	3115	4535	7748	10489
其他服务业	49224	73204	99876	121263

资料来源：根据 WIOD 经济体间投入产出数据库数据计算。

表 3 -2 描述的是各行业生产的中间产品对外的供应量，说明了不同行业对跨国公司生产一体化的支撑程度。对外向型的发展中国家来说，如果想融入国际生产体系，从承接跨国公司生产分离出来的生产环节是一个较为妥当的路径，因此对这个问题有专门阐述的必要。根据表 3 -2，与不同产业采购中间产品的产业结构相同，第二产业也是输出中间产品最多的行业，2014 年共有 47.37 万亿美元的中间卖出，占各行业输出总额的 55.37%，略低于第二产业采购中间产品的占比情况。服务业部门是较为容易被从制造业中被剥离出来的，因而在总输出中所占比重较采购所占比重更多一些。2014 年，第三产业为其他行业提供了 34.49 万亿美元的中间产品。第一产业输出所占比重略高于采购所占比重，但总体而言相差不大。从各个行业细分情况看，2014 年输出量最大的五大行业是“电力、热力、燃气及水的生产和供应业”（采购量排第 5 名）、“金融业”（采购量排第 9 名）、“交通运输、仓储和邮政业”（采购量排第 6 名）、“采矿业”（采购量排第 11 名）、“批发和零售业”（采购量排第 2 名）。

表 3-2　　各行业中间产品输出量　　单位：亿美元

行业	2000 年	2005 年	2010 年	2014 年
第一产业	11815	16630	28006	37237
农、林、牧、渔业	11815	16630	28006	37237
第二产业	144320	225206	359320	473675
采矿业	10331	21841	41061	55775
食品、饮料和烟草制品的制造	8682	12751	22104	31386
纺织品、服装和皮革制品制造业	5053	6163	10711	15610
纸及纸制品制造业	4937	5947	7945	9018
印刷业和记录媒介的复制	3267	3789	4124	4512
焦炭和精炼石油产品的制造	6226	12711	22505	29352
化学品及化学产品制造业	11505	17383	27184	36786
基本药品及制剂制造业	2857	4478	6422	8344
橡胶及塑胶制品制造业	6393	8651	12427	15639
金属制品制造业（机械及设备除外）	8791	11789	16175	20836
计算机、电子和光学产品制造	10397	14016	21360	28004
电气设备制造	4910	6440	12215	16629
未有于别处分类的机械及设备制造业	5803	8786	14791	19794
交通和运输设备制造业	10078	14191	22794	29092
家具制造业	2703	3382	4377	5761
电力、热力、燃气及水的生产和供应业	13917	25613	39128	49216
建筑业	7686	13171	19902	24839
其他制造业	20783	34104	54096	73080
第三产业	143134	206935	280610	344588
批发和零售业	28162	37179	52802	67043
交通运输、仓储和邮政业	19041	29598	41992	51283
住宿和餐饮业	4471	6206	9234	11529
信息传输、计算机服务和软件业	10878	15535	20333	23757
金融业	21321	29493	40319	49367
房地产业	8924	15219	18121	22054
科学研究和发展	2196	3140	3157	3911
教育	1135	1881	2699	3394
其他服务业	47005	68684	91953	112250

资料来源：根据 WIOD 经济体间投入产出数据库数据计算。

从上述材料可以看出，输出量大的产业大体上也是采购量比较大的产业，采购量比较小的产业基本上是输出量比较小的产业。无论从中间产品的输入还是输出看，跨国公司生产分离化具有强烈的行业偏好。从增长速度看，与2000年相比，进展最快的行业是“电气设备制造”（增长2.39倍，与2000年相比，下同）、“电力、热力、燃气及水的生产和供应业”（增长2.54倍）、“食品、饮料和烟草制品的制造”（增长2.62倍）、“焦炭和精炼石油产品的制造”（增长3.71倍）、“采矿业”（增长4.40倍）。

（2）生产分离的区位特征。跨国公司生产分离实质上就是生产链条或者生产环节在空间上的移动和重构，对不同区域的贸易发展、投资趋势和经济增长产生着差异化的影响。关注生产分离的区位特征是理解未来全球经贸发展的必要前提之一。在多数人的印象中，发达国家是经济全球化的重要推动者，也是主要受益者。无论是贸易发展还是投资合作，发达国家均在其中扮演了主要的角色。例如，发达国家既是国际资本的主要流入地，也是国际资本的主要输出国，还是国际经贸活动规则的重要制定者，主导了国际经济发展的面貌和格局。在进入21世纪以来国际生产分离的发展过程中，没有出现类似的发展趋势。发达国家和发展中国家几乎以相同的速度和规模进入新一代的国际生产调整与重组中，传统意义上的南北差距并不明显。

对跨国公司生产分离区位特征的分析依然使用前述出口垂直分离指数（EVSS）工具，并依据WIOD国家和地区间投入产出数据库2014年国家间跨国采购数据（见附表）进行测算。图3-4和图3-5按照中间产品的输出额和采购额统计了42个经济体参与国际生产分离的状况，并按照发达程度进行了归类。发达国家与发展中国家是一个相对的概念，不同的组织在不同的时期对这一概念的判断标准略有差别，本书仅按照传统习惯上公认的标准进行简单的归类。其中，将美国、德国、日本、英国、法国、韩国、荷兰、加拿大、意大利、比利时、澳大利亚、西班牙、瑞士、挪威、波兰、瑞典、奥地利、捷克、丹麦、卢森堡、匈牙利、芬兰、葡萄牙、斯洛伐克、希腊等国归为发达国家组，将中国、俄罗斯、印度、巴西、墨西哥、印度尼西亚、爱尔兰、土耳其、罗马尼亚、保加利亚、立陶宛、斯洛文尼亚、克罗地亚、爱沙尼亚、拉脱维亚、马耳他、塞浦路斯等国家和地区归为“非发达国家组”。从图 3 -4 可以看出，无论是将生产环节的对外转移还是自外承接，经济发达程度并没有成为区分结果的关键。中美两国作为两个开放程度较大的大国，成为承接和输出中间产品的“双龙头”，无论是中间产品采购量还是输出量，两国大体上处在旗鼓相当的地位。其他的发达国家表现略强于非发达国家，尤其是技术强劲的德国、精细管理的日本和拥有共同市场的英法等国在生产分离方面的进步没有与其在科技创新、国际合作等方面的优势相匹配。

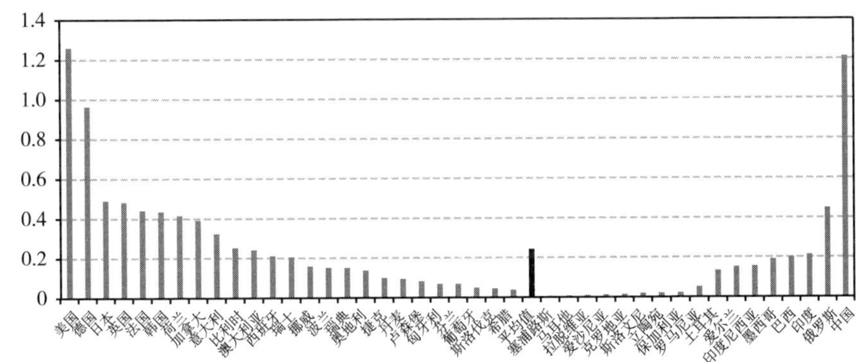

图 3 -4　2014 年主要国家中间产品国际输出额

注：黑色线为全球所有经济体输出额平均数。黑线左侧为发达国家。

资料来源：根据 WIOD 国家间投入产出数据库数据计算。

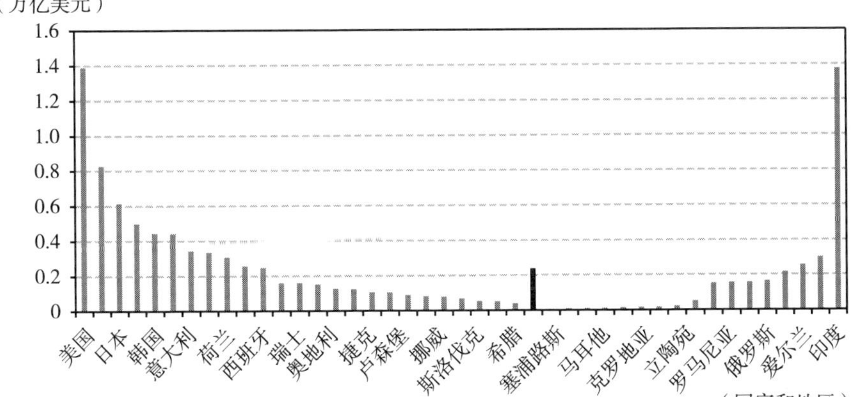

图 3 -5　2014 年主要国家和地区中间产品国际采购额

注：黑色线为全球所有经济体采购额平均数。黑线左侧为发达国家。

资料来源：根据 WIOD 国家和地区间投入产出数据库数据计算。

在增长速度方面的情况大体类似，但非发达国家的表现更加引人注目。2000～2014 年，上述 42 个经济体中间产品输出额年均增长了 10.47%，其中除墨西哥外，多数非发达国家的年均增长速度高于这一数值（见图 3－6）。而在采购额方面，不同经济体之间的差距更加不明显（见图 3－7）。总体而言，在生产分离化发展过程中，国际经济新格局表现出了较弱的"发达国家规模大、变化速度慢；发展中国家发展速度快但总体规模小"的基本特征。这一变化的背后说明在新一轮国际产业结构调整中，发展中国家依据自身的后发优势，以更快的速度融入国际经济一体化的大势中。生产分

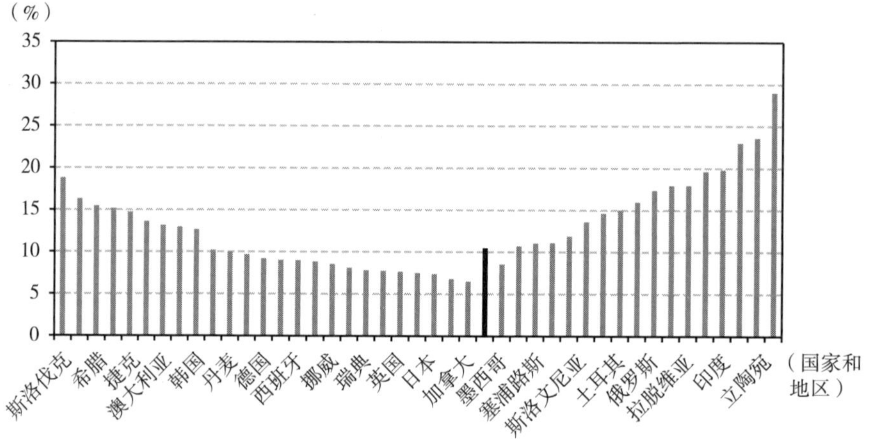

图 3－6　2000～2014 年主要国家中间产品国际输出额年均增长率

注：黑色线为全球所有经济体输出额平均增长率。黑线左侧为发达国家。

资料来源：根据 WIOD 国家和地区间投入产出数据库数据计算。

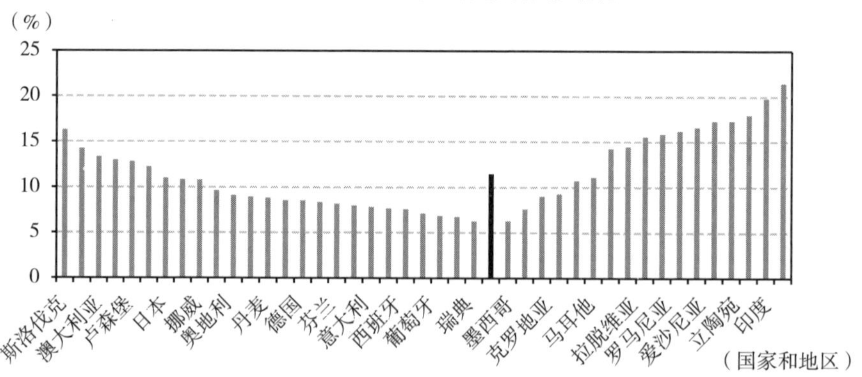

图 3－7　2000～2014 年主要国家中间产品国际采购额年均增长率

注：黑色线为全球所有经济体采购额平均增长率。黑线左侧为发达国家。

资料来源：根据 WIOD 国家和地区间投入产出数据库数据计算。

离化的发展必将对发展中国家的经济增长乃至在全球经济格局中的地位变动产生重要影响。

从区域经济格局看，生产分离后的产业链条构筑受到区位优势的明显影响。本书主要采集了42个经济体的投入产出数据，对其他国家没有详细汇总。本书以这42个经济体为分析对象，研究不同经济区内部、经济区域经济区之间生产分离的发展情况。在目前世界经济发展总体格局中，存在三大核心经济圈：亚洲经济圈、泛欧洲经济圈和北美经济圈，三大经济圈经济总量占全球经济总量的3/4。在上述42个经济体中，中国、印度尼西亚、印度、日本、韩国等经济体属于亚洲经济圈；加拿大、墨西哥、美国三国属于北美经济圈；奥地利、比利时、保加利亚、瑞士、塞浦路斯、捷克、德国、丹麦、西班牙、爱沙尼亚、芬兰、法国、英国、希腊、克罗地亚、匈牙利、爱尔兰、意大利、立陶宛、卢森堡、拉脱维亚、马耳他、荷兰、挪威、波兰、葡萄牙、罗马尼亚、俄罗斯、斯洛伐克、斯洛文尼亚、瑞典、土耳其等经济体属于泛欧洲经济圈。由于是对不同经济圈内、圈外中间产品发展状况进行分析，在统计时将本国向本国的中间产品贸易也包括在内。从图3－8中更可以看出，三大经济圈内经济体的中间产品供应主要在本经济圈内。2014年，三大经济圈中间产品输出额分别为29.43万亿美元、15.35万亿美元、19.62万亿美元。东亚经济圈产业内合作发展最为迅速。其中间产品的97.36%向本经济圈内部供应，总额达到28.66万亿美元，圈外配套的比例不及3%。北美的美国、加拿大、墨西哥生产企业也主要面向本经济圈内企业采购。欧盟作为统一的大市场生产分工网络经历了长期的发展过程，经济已经成为一个整体。前两者的中间产品圈内自给供应率均达到了96%。以上分析说明，生产分离化已经成为当前经济发展的重要趋势，但受到交通、文化、经济合作基础等一系列因素的影响，生产网络的构建与对接尚带有很强的地域性。随着生产链条开始突破国界限制，一个国家和地区的经济前景在很大程度上开始依赖新型国际分工格局的发展趋向。

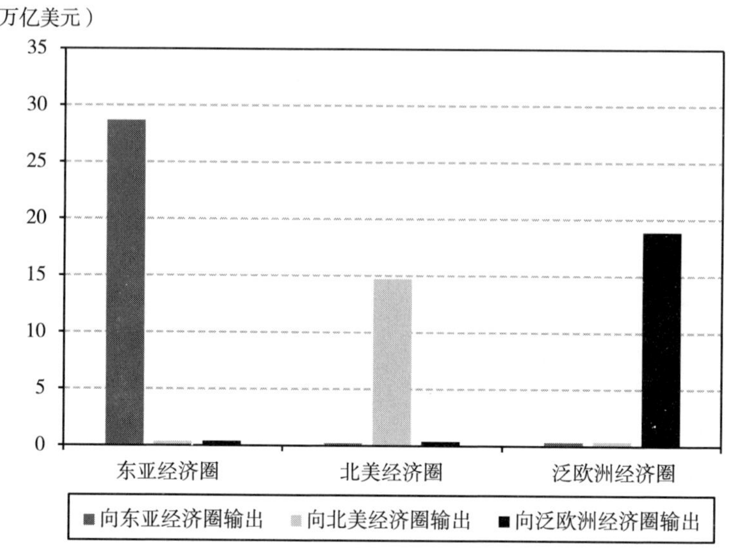

图 3-8 2014 年主要经济体中间产品输出区位结构

资料来源：根据 WIOD 国家和地区间投入产出数据库数据计算。

3.3 跨国公司垂直分离化的实现模式

从结果上看，跨国公司的垂直分离在客观上表现为企业内部相互联系的各个生产环节变成独立企业之间的生产联系。但是从更加宏观的意义上讲，跨国公司的垂直分离还包括企业在拓展产业的过程中，以一种新的思维考虑本公司在生产链条中的位置，主动调整，早做布局。企业内部生产链条的对外转移可以采用将企业分拆成立新的独立企业的方式，也可以采用把企业内部的生产环节出售给其他企业的方式。前者如通用公司，将钢铁业务从总公司中剥离出去，在北京成立通用钢铁公司；后者如 1996 年苹果公司将其在美国境内的个人 PC 业务出售给 SCI 系统公司。无论哪种方式，跨国公司垂直分离以后，都面临着一个采用何种模式在传统的市场购买和自产之间实现最佳生产的问题。从经济发展的实际看，跨国公司垂直分离化后的生产模式大体采用以下几种。

3.3.1 战略性外包

跨国公司垂直分离化与跨国公司一体化之前的生产状态相比最大的区别就在于企业实施垂直分离化将部分生产环节转移出去以后，并没有割断现有企业生产链与分离出去的生产链之间的联系，反而形成一种介乎于市场与自产之间的联系方式。这是因为尽管企业的生产环节发生变化，产品的生产流程并没有发生根本性的变化，从原材料的供应到零部件的生产、中间投入品的制造，不应随企业组织性的变更而变更。垂直分离化以后，跨国公司仅仅占据了产品生产链条的一部分甚至几个关键的核心环节，难以脱离其他企业而独立存在，需要源源不断地从企业取得生产投入品，或者将自己生产的中间投入品出售给下游企业。为了保证生产供应的连续性，很多企业在垂直分离过程中采取了保留自身最具竞争优势（同时也是利润较为丰厚）的核心业务，而将非核心的业务转包给其他企业，这时，非核心的业务部门就因为工作任务的丧失而被削减。原有企业和新承接该项业务的生产企业之间不是短期的供求关系，而是一个共同完成商品生产、合作具有长期性的协作关系。这就是跨国公司垂直分离化生产的最重要、最稳定的生产模式之一——战略性外包。

外包（outsourcing）又称外部寻源，指的是企业将自己的业务分解，转移到不同地区的企业，代替自己进行生产的一种生产方式。这是一个自20世纪80年代出现的概念，不同的学者对这一概念的内涵具有不同形式的表述。美国外包问题专家柯贝特（Corbett，2004）认为“外包指大企业或其他机构把过去自我从事（或预期从事的）工作转移给外部供应商”。经济学家贝赞可（Besanko，1996）等将外包定义为“很多传统（内部）功能由外部承包商来完成。于是，组织不仅通过内部协调，而且要企业维持长久联系纽带的供应商和销售商等外部协调方式”。[①] 很明显，外包实质

① Besanko，David. David Dranove and Mark Shanley. Economics of Strategy［M］. John Wiley & sons，Inc.，1996：88.

上就是在保留某种既定产出的前提下，产业链上下游产业根据一定的条件，如标准、价格等，企业或者其他机构把原有自己生产的、处于生产链的某些环节、区段以及生产性服务活动转移给外部企业。

从图3-9可以看出，国际外包与跨国公司垂直分离化在本质上具有统一性。依据发包方和承包方的国籍、地理位置的不同，外包又可以分为国内外包和国际外包。根据外包对象的不同，外包可以分为制造外包和服务外包。在制造业外包中，汽车产业、计算机产业是外包程度较高的两大行业。据统计，发达国家的多数汽车制造企业自己生产的零部件占汽车生产所需零部件的比例已经降低到30%以下，其他的部分均外包给有能力的企业生产，如美国福特公司的汽车生产涉及几十个国家和地区的近万家企业。以Escort轿车为例，德国企业提供了变速箱、离合器箱、油箱、气缸、后转轮等精密型部件；日本企业提供了自己具有质量优势的发电机、启动装置、清洗泵等零部件；加拿大企业提供了汽车玻璃；瑞士企业提供了各种仪表齿轮；荷兰企业负责生产轮胎、油漆和金属附件。此外还有奥地利、丹麦、英国、西班牙等多个国家和地区的企业为其提供生产的中间投入品。而美国公司仅仅生产液压挺柱、各种阀门、车轮螺母等有限的中间投入品。在计算机行业，外包的发展具有更强的动力。由于计算机行业为20世纪末以来新兴起的产业，所以在发展的初级阶段，已经实现了模块化的设计和生产，因此在外包方面更具优势。当今全球最大的硬盘生产商美国希捷公司在20世纪80年代是一个纵向高度一体化的企业，基本上涵盖了从产品的研发设计、部件生产、销售、服务等多个环节。但从90年代开始，该公司生产结构发生较大调整，一大部分生产线转移到了海外，劳动密度最大的生产环节“磁头悬浮组件”（HGA）外包给劳动力资源较为丰富、价格便宜的菲律宾、泰国、马来西亚等国家，技术要求不高的硬盘组装被安排在中国、新加坡等国家。此外，还有一些产业链可分性较强的企业也对外包抱有浓厚的兴趣。例如，美国耐克公司目前的生产模式是：耐克公司只负责产品设计和销售，生产加工已经通过原始设备制造商（Original Equipment Manufacturer，OEM）、原始设计制造商（Original Design Manufacturer，ODM）外包的方式转移到了东南亚等地。

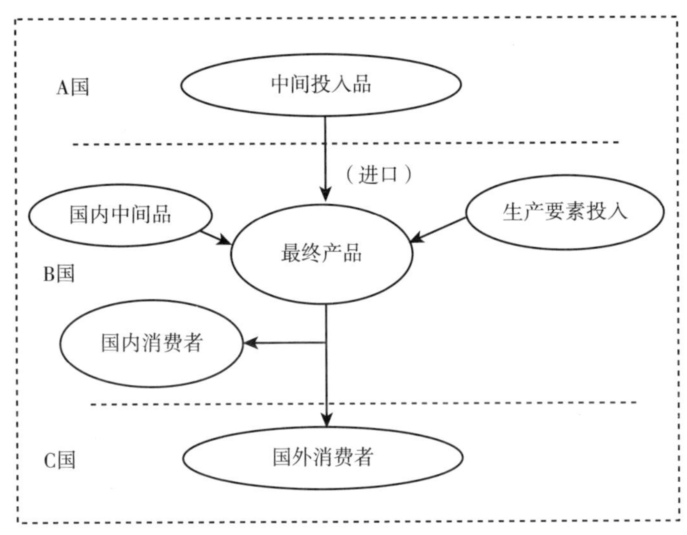

图 3－9　国际外包流程

服务外包近年来发展更为迅猛。据联合国贸易发展委员会统计，近几年全球软件和服务外包市场实现了 30%～40% 的速度递增，2004 年全球服务外包市场仅为 3000 亿美元，到 2005 年增长到 5850 亿美元，两年后又进一步增长到 1.2 万亿美元。在服务外包快速发展过程中，业务流程外包更加引人注目。从表 3－3 中可以看出，2005～2010 年全球 BPO 市场大约保持了年均 10% 左右的增长速度。其中，采购、人力资源、培训等领域内发展更为迅速。

表 3－3　　2005～2010 年全球 BPO 市场发展情况　　单位：亿美元

行业	2005 年	2006 年	2007 年	2008 年	2009 年	2010 年
人力资源	127.16	146.80	170.11	198.36	231.64	263.51
采购	9.40	11.04	13.05	15.49	18.30	21.12
金融与会计	147.68	160.44	177.09	198.35	223.36	246.49
售后服务	252.17	283.26	317.35	355.94	391.95	426.24
物流	1799.42	2002.39	2230.07	2497.45	2808.38	3152.41
市场营销	1466.87	1569.97	1665.50	1762.70	1865.82	1972.58
培训	42.50	52.90	63.48	75.44	87.22	97.30
合计	3845.20	4226.80	4636.65	5103.73	5626.67	6179.65

资料来源：Internet Data Center。

3.3.2 虚拟组织

20世纪90年代以来，随着科技进步和社会发展，特别是网络经济的兴起，工业社会开始向信息社会转变。虚拟组织正在成为一种新起而流行的组织设计模式。所谓虚拟组织，是指依靠信息技术手段将供应商、生产企业、顾客甚至竞争对手等联结而成的、以共享对方的技术和服务，来分担成本、市场以及市场渗透为目的的动态网络组织。这一组织的典型特征就是其松散性。在企业形式上，虚拟组织没有确定的地理空间，其存在与发展也没有时间限制。虚拟组织一般由一个核心企业和一些具有不同优势的企业联合组成。其主要优点就在于它为企业从外部寻找自身发展所需要的各种资源、中间投入品提供了可能。通过建立企业间的虚拟组织，企业可以将一些计划分离出去的生产环节交给虚拟组织的其他成员企业，确保企业的生产供应和共同应对市场环境的变动，虚拟组织的一般结构如图3－10所示。①

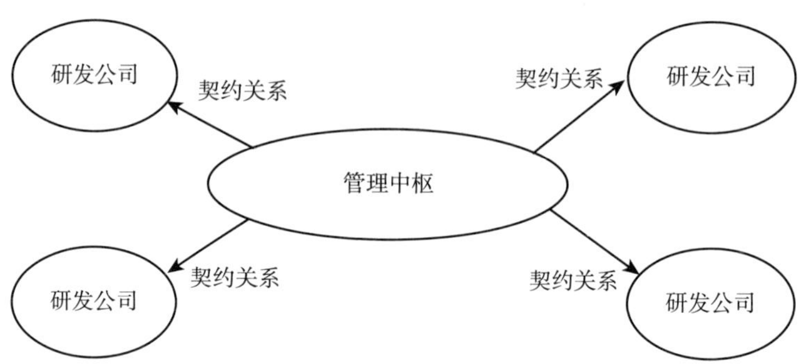

图3－10 虚拟组织结构

一般而言，虚拟组织不具有法人的资格，也往往缺乏固定的组织层次和内部系统命令。在实际的运行中，往往是在市场出现某种特定的、规模较大的需求而率先发现市场机会的企业仅仅依靠自己的力量又不可能独立

① 欧志明，张建华．企业网络组织及其理论基础［J］．华中科技大学学报（社会科学版），2001（3）．

完成时，多家企业相互串联而形成的。在产品生产的过程中，组织内的企业按照各自的核心优势，分担整体项目中的一个或者几个子项目，共同满足市场的需求。一旦目标完成，合作网络即告解散。随着新技术革命以后消费需求向多样化方向发展，消费的更新换代速度不断加快。短生命周期的产品需求越来越大，各种需要快速生产的产品在现代生产中所占的比重越来越大。原先为了完成短期任务而临时性组建的虚拟组织在经济发展中的地位逐步上升。新形势下，越来越多的企业开始重视虚拟组织的作用，不再仅仅将虚拟组织看作是完成短期任务而仓促组建的临时班子，甚至出现了将在虚拟组织中生存当作本企业发展基础的势头。于是，在经济生活中，这种能够帮助企业随时把握企业战略调整和产品方向转移的、通过团队合作维系生存和发展的虚拟组织成为很多企业甚至是跨国公司在设计企业边界和生产流程时的选择之一。

第4章

跨国公司垂直分离化的动因分析

“物竞天择，适者生存”既是生物进化的一般规律，也是社会制度乃至经济组织运动变化的基本原则。世界范围内跨国公司的发展实践也证明一个企业乃至跨国公司组织结构、运转方式的演进与发展必须适应外在环境的变动。近年来，跨国公司的生产结构之所以发生了较大调整，与新形势下影响和决定企业竞争能力的主要因素发生了位移有关。本章将沿着“经济环境革新—跨国公司竞争优势变迁—企业纵向结构调整”的思路，探讨近年来跨国公司垂直分离化迅猛发展的原因。

4.1 跨国公司纵向边界理论

自亚当·斯密开创古典经济学以来，对企业理论的探讨就经久不衰。许多经济学家就企业产生的原因、边界确定的原则展开了热烈的讨论。在古典经济学里，厂商是一种生产装置，在特定的市场条件下，购买和雇用特定的生产要素生产特定的产品，以获得利润最大化。企业的生产过程是一个“黑匣子”，其中的运行机理不为古典经济学家所透彻了解。市场仅仅是将生产厂商和消费联系起来的桥梁和纽带。二者不会也没有必要形成相互转化或此消彼长的关系。例如，奥古斯丁·古诺（Augustin Cournot，1897）将市场描述为“买方”和“卖方”相互之间频繁的变换，“以至于同一种商品的价格轻易而又迅速地趋于相同的区域”。古典经济学家认为，厂商按照边际收益等于边际成本的原则决定企业的生产规模（包括短期规模和长期规模）。古典经济学发现了企业存在的价值（能够通过生产的方式满足消费者），但却没有解释或者没有注意到企业存在的前提（为什么不通过市场来满足人们的需求，而是设计企业这样的生产装置）。1937 年，科斯（Coase）发表《企业的性质》一文，开始了经济学家对企业边界的研究。对企业纵向边界变动的理论研究主要按照以下两条线索展开。

4.1.1 企业契约理论关于企业纵向边界的研究

1. 交易费用理论

交易费用理论是整个现代产权理论大厦的基础。科斯在 1937 年《企业的性质》的论文中首次提出交易费用的概念。该文主要从企业和市场的交易成本优势角度分析了企业边界决定的影响因素。他认为，企业和市场是两种可以相互替代的资源配置机制，也是两种不同的组织劳动分工的方式，各有优缺点，成本也各不相同。对企业决策者来说，是否采用企业的资源配置机制主要应从两种资源配置机制的成本比较中决定。其中，市场交易的成本主要包括三个方面：（1）企业搜寻交易对象、谈判、制定和执行必要契约的时间和费用；（2）机会主义行为的不利后果；（3）试图阻止机会主义的成本。[①] 这些成本产生的根源在于市场发展中存在着的有限理性、机会主义等。而采用企业作为一种科层制组织也有固定的管理成本和

① Coase. R. H. The Nature of the Firm［J］. Economica，1937（4）：386－405.

内部控制成本。由于在市场中有价格规律调节生产，在企业内部有行政组织控制成本，所以在不同时期，市场交易成本和企业组织成本的变动是不一样的。所以企业就作为市场交易替代组织而出现，从而较为成功地解释了企业这种组织形式存在的原因。在科斯看来，“如果企业内部分配要素的成本小于市场交易成本，就会取代市场交易”。① 但是企业也不会无限制地扩张下去，企业的边界在特定的时期应该有相对的稳定性。这是因为对企业家的才能来说，收益可能是递减的（见图4－1）。他认为：“企业家也许不能成功地将生产要素用到它价格最大的地方，即不能导致生产要素的最佳使用。”②

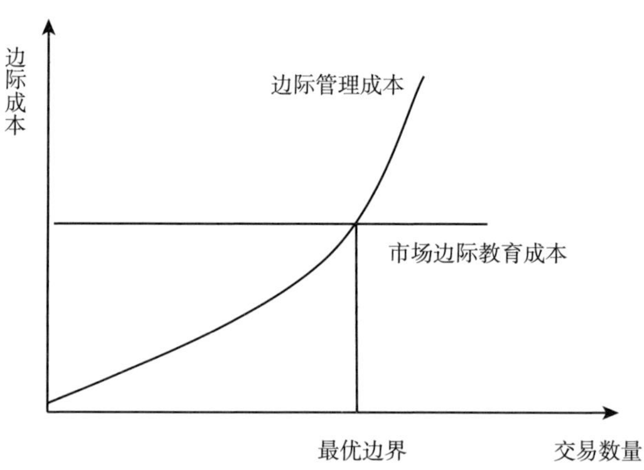

图4－1　科斯理论的示意

2. 资产专用性理论

科斯之后，威廉姆斯提出了资产专用性理论，张五常等人提出了间接定价理论，进一步发展了科斯的交易费用理论，对企业边界的界定做了新的说明。威廉姆斯在论证交易费用的时候，沿用了科斯关于交易成本差异导致企业取代市场这一思路。但他认为科斯关于交易成本产生原因的论证是不完全的，并提出了资产专用性作为其理论的基石。威廉姆斯认为资产

①② Coase. R. H. The Nature of the Firm［J］. Economica，1937（4）：3－17.

专用性是指当一项经久耐用的投资被用于支持某些特定交易时，所投入的资产具有专用性。这种专用性可以分为以下几种情况。一是场地的专用性。不管是建设厂房还是道路，一旦投资，改作其他用途的可能性就很小。二是物质资产的专用性。三是人力资源的专用性，特别是熟练工人和具有某些特定技能的人，其技能只能在特定的生产环节发挥作用。四是产品生产需要的特定资产。五是品牌的专用性。在明确了资产专用性的概念以后，威廉姆斯又进一步提出资产的专用性、交易次数的不确定性和机会主义的存在决定了交易治理结构在市场、合同还是企业之间的选择。由于对于交易双方来说，同样技术和专用技术都是可以被选择的。一般而言，专用技术和专用资产的效率更高。企业采取专用资产和专用技术进行生产可以有效地降低生产成本，提高经济效益。另外，由于交易双方的信息存在着严重的不对称性，机会主义也对交易主体的行为选择产生着重大的影响。在资产的专用性和机会主义风险高企的条件下，采用市场交易方式往往会产生较高的交易成本。随着资产专用性的不断增加，交易治理结构就越倾向于朝着一体化的方向发展。

在科斯看来，企业之所以取代市场，是因为市场的交易费用要大于企业内部的组织管理费用。市场交易费用越高，市场的范围就越小，企业的边界就得到进一步的扩展，企业的规模进一步扩大。私有要素的所有者按照合约，将要素的使用权交给代理者使用。在此合约中，要素所有者的行为必须服从代理者的意志，而不是听命于市场关于其产品的价格约束。于是，企业出现了。因此说，企业在本质上不是市场的替代物，而是产品市场对要素市场的取代，或者是一种合约被另一种合约取代。不同的是企业交易的对象是生产要素，市场交易的是产品或者商品。因此，对市场和企业两种合约的安排的选择取决于对替代物定价所节约的交易费用能够弥补由相应的信息不足而造成的损失。

3. 剩余控制权理论

在吸收了威廉姆斯有关交易成本和不完全契约理论的基础上，克鲁格曼、哈特和穆尔（Krugman，Hart and Moore，1986）提出了剩余控制权理论。剩余控制权是一个与合同收益权相对应的概念，是指在扣除所有固定的合同支付（如原材料成本、固定工资、利息等）以后，企业所有者对企业收入余额的要求权利。企业之所以出现和存在，是企业所有者对剩余控制权收益与成本计算的结果。克鲁格曼认为，市场合同是不完全的，也不可能是完全的。那么契约权利中包含着不能事先明确界定的权益——剩余权利。为了更加明确地说明问题，克鲁格曼、哈特和穆尔在以下三个条件的约束下构建了模型来说明企业纵向边界变动的成本和收益：一是企业是由实物资产组成的；二是企业的合同是不完全的；三是企业所有者拥有资产的剩余控制权。该模型表明，在一个不完全合同的环境下，剩余控制权的配置可能对交易双方进行专用性投资的激励产生积极或者消极的影响，因此企业边界的变动不是无止境的。

4.1.2 基于资源、知识和能力的理论

企业契约理论从成本收益的角度对企业边界进行了讨论。其实质上主要厘清了企业和市场的此消彼长，但没有完全解释同等条件下企业规模不一、多种企业并存的状况。而且随着经济的发展和科技的进步，越来越多的因素进入企业的生产函数，其中最为重要的是知识或者技术的进步开始对企业发展起到越来越重要的作用。于是，有部分学者开始另辟蹊径，从企业本身所处的特殊环境或者企业特定优势的角度研究企业优胜劣败的原因，这也为我们理解企业边界的决定因素提供了一个有益的参考。这就是基于资源、知识和能力的企业边界理论。与新古典经济学将企业视为生产函数、契约理论，将企业视为合约的化身不同的是，基于资源、知识和能力的理论更多地将企业看作是由异质资源构成的社会组织。

基于资源、知识和能力的理论可以追溯至李嘉图的企业分析理论和哈佛学者的企业独特能力研究。李嘉图在分析国际贸易生产价格差异的时候，就注意到了不同区域间、不同企业间所拥有的生产资源是不一样的。由于在李嘉图时代构成企业生产要素投入品主要是劳动力和自然资源，在简单手工劳动的生产阶段，劳动者的差异在于生产效率的高低，异质性不

是非常明显。导致区域与区域产品价格差异较大的一个重要因素是各地区的资源不一，如有的地区适宜生产小麦，有的地区适宜生产葡萄。于是，李嘉图从不同地区土壤不同导致小麦生产收益不同的思路出发，构建了小麦生产模型。该模型认为，和其他的生产要素不同，土地是一种特殊的生产投入品，其数量不能随着需求的增加而迅速增加。特别是短期内，土地的投入是固定的。拥有肥沃土地的企业将获得与其他企业竞争的优势和超额利润。20 世纪初，哈佛的部分学者也注意到了企业间的差距（A. W. Shaw，M. T. Copeland，George Albert et al.）。在他们对企业主要领导人特别是总经理的研究中发现，领导的管理和组织能力对于企业的绩效与边界都具有较大的影响。这些理论为以后研究探讨企业能力的差异提供了有益的参考。

资源观的企业理论将企业看作是各种资源的合集。这种资源的内涵是广义的，可能是有形的，也可能是无形的；可能是资本，也可能是企业所拥有的社会网络。只要是企业控制的、能为企业实施提高其效率和效力战略的资产、组织过程、企业属性、信息等都可以成为企业的资源。不同的企业，即便是行业相同、位置相近的企业所拥有的资源也是有差异的。因此，企业是异质的。

知识观的企业理论认为，企业的运转过程是和知识增加的过程密切联系的。知识是企业生产能力增加的最重要的源泉。随着科技革命的发展，企业的生产技术成为企业最重要的竞争法宝。而企业掌握的知识正是企业技术进步的充分必要条件。按照经济合作与发展组织的定义，知识可以分为事实知识（know-what）、原理知识（know-why）、技能知识（know-how）和人力知识（know-who）。其中，前两类知识是可以表述出来的知识，也就是一般意义上的显性知识（explicit knowledge），而后两类知识则难以用文字明确表述，被称为默会知识（tacit knowledge）。

资源观的企业理论和知识观的企业理论均认为资源、知识的增加提高了企业的能力。卡普兰等（Kaplan et al.，2001）认为知识和资源能够增强企业以下六个方面的能力：创造能力与毁灭能力、整合能力与吸收能力、复制能力与保护能力。以上六方面的能力仅是从理论分析上的，在企业的实际发展中，这六个方面不会面面俱到，只涉及其中一个或者几个方面。此外，企业还应具备调配资源和运用约束这六种能力的能力。与契约理论不同，给予资源、知识和能力观的企业理论关注了企业的异质性以及长期获得超额收益的机制，与前面的解释不同，企业能力理论并不强调交易费用，它从企业“生产”的属性出发，把企业看作是一个知识产品库——资源、生产型知识和能力的集合。而企业能力的增加改变了企业管理结构，企业的边界就在于能力的边界。彭罗斯认为企业与众不同的能力需要在一项或者几项活动中发展，而企业的扩张正是适应这一趋势的历史必然。因为，随着企业生产规模的扩大，资源、知识、能力适用的范围不断扩大，而大型企业又具有更大的探索、创新、试验、改进新知识的能力，由此形成良性的循环。20 世纪 50 年代以来，国际经济之所以朝着纵向一体化的方向发展，与此具有明显的关系。但是，企业的能力应用的范围又不是无限的。企业规模的扩大会导致资源和能力的分散，达到一定的程度又会引起其特殊能力的削弱。因此，企业的规模应当与其能力保持一致。

基于资源、知识和能力的理论更加鲜明地解释了企业边界范围的确定原则，强调了在进行企业边界分析时必须按照企业本身的实际和市场经济发展的内在要求，统一企业的生产功能和交易功能。只有这样才能对企业边界调整的趋势做出深层次的研究和说明。

4.2　企业核心竞争力理论对企业纵向关系的解释力

企业是一个以利润最大化为目标的经济组织，从长期看，企业的所有组织行为最终都服从于这一目标。因此，只有从企业参与市场竞争的角度才能更好地理解企业边界的变动。决定企业在市场竞争中的地位的重要因素就是企业的竞争优势，而市场经济运行的实践证明，企业的竞争又取决于企业能否以比对手更低的成本和更快的速度构建自己独特的核心竞争力。因此，本章应用企业核心竞争力的分析框架，研究新形势下企业组织结构的调整原因。

4.2.1 企业核心竞争力理论的发展历程

作为管理学与经济学交叉融合的产物，企业竞争理论经历了从战略管理为中心的管理理论到专注于市场结构的竞争理论，再到以企业素质为主要研究内容的发展历程。

1. 以战略管理为中心的竞争理论阶段

20 世纪 50 年代至 80 年代是企业核心竞争力理论的萌芽期。构成企业竞争理论主体的许多基本理论框架都产生于这一时期。这一时期的经济学者大多沿用了企业资源观的分析方法，阐述了企业独特的资源和能力在企业保持持续竞争优势中的作用。沃纳菲尔特（Wernerfelt，1984）从资源而不是产品的角度分析了企业多元化发展的主要原因，将企业资源观引入战略管理，开启了一个新的研究视角。美国战略管理学家钱德勒在 1962 年出版了《战略与结构：工业企业史考察》一书，分析了“企业环境—企业战略—企业组织结构”三者之间的相互关系，并首次将“战略”这一军事术语用于企业管理。他认为，企业要在复杂的市场竞争中生存、发展、壮大，除了注重经营细节、充分发挥区位优势以外，还必须对周围的产业生态环境作出反应，通过分析市场环境的特性，制定、调整企业的发展战略和组织结构。组织结构必须适应企业战略和市场环境，因环境变化而变化。安索夫（Ansoff，1965）发展了这一思想，他在其《公司战略》中提出了一个新的思想：企业战略可以进一步细分为在市场和产业中企业产品的地位、协同效应、企业经营方向的发展趋势、竞争优势。他认为企业的战略是一个有控制、有意识、规范化的过程。

2. 以市场结构为中心的竞争理论阶段

这一时段跨度大约在 20 世纪 80 年代至 90 年代中期。在这一时期最大的进步就是明确提出了核心竞争力的概念和动态能力的分析方法。20 世纪 70～80 年代，世界经济发展环境发生了较为剧烈的变化，特别是在两次石油危机的冲击下，全球经济发展的不稳定性、不确定性增加。市场竞争空前加剧，除了同类企业参与市场竞争之外，潜在的市场进入者、替代品行业的竞争以及上下游企业的行为也对企业的发展产生影响。经济发展的实际帮助学者拓展了思维的广度和深度。波特（Porter）提出了经营环境分析战略模型，认为“从根本上讲，竞争优势源于企业能够向顾客提供超过竞争对手的价值。其中，价值就是顾客愿意为其支付费用的东西，较高的价值源于以低于竞争对手的价格向顾客提供同等的利益，或者提供远远超过较高价格的独特利益”。要实现上述目标，企业必须具有不同于其他企业的特质。波特认为企业的竞争优势是外生的。外部环境，特别是产业环境对企业的竞争能力和盈利水平具有重要的影响。他在自己提出的“五种力量（Five Forces）模型”中指出，影响企业竞争力的因素主要有五个方面：现有的竞争对手入侵、替代品的威胁、客户的砍价能力、供应商的砍价能力和现存竞争对手之间的竞争（见图 4－2）。

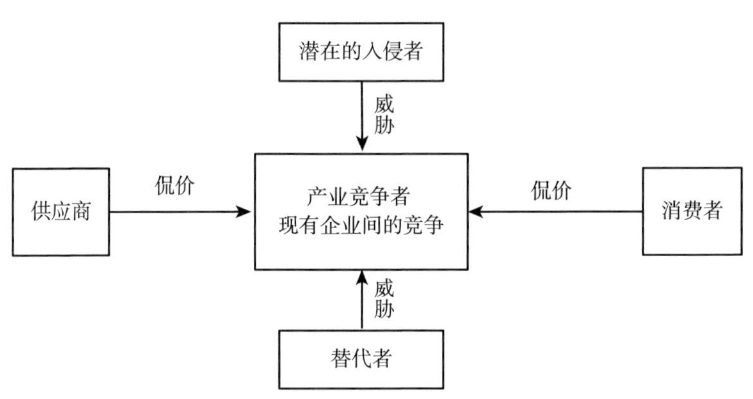

图 4－2　五种力量模型

波特运用“五种力量模型”说明了企业竞争优势的来源，并在对上述五种力量分析的基础上了提出了三种基本竞争战略模式：成本优先、差异化和目标聚集。此外，波特还进一步提出了价值链分析模型。他将企业的经营管理活动划分为与战略性相关的基本活动和一般性辅助活动，竞争优势往往与企业在一般性辅助活动方面的能力关系不大，只有通过比竞争对手更廉价或者更出色地完成某些重要战略活动才有助于企业取得长期竞争优势。

3. 以企业素质为中心的竞争理论阶段

经过20世纪80年代至90年代的发展，企业核心竞争力理论趋于成熟。贺尼和桑切斯（Heene and Sanchez，1997）提出了企业能力观，开始将企业作为一个开放的系统，力图建立企业能力系统理论。桑切斯详细地论证了企业核心竞争力的四个基石：动态的经营环境、开放性企业组织设计、企业管理人员对复杂环境的认知以及对企业组织的整体观念。在这些研究的基础上，霍奇森（Hodgson，1998）进一步提出企业是一个能力组织，能力存在于组织中的个人中间，企业是一种核心竞争力和辅助互补资产的合集。仅仅从交易费用或交易成本的角度是不全面的。企业边界的确定要充分考虑企业的能力、学习和互补资产。企业核心竞争力理论确定以后，很多学者都对企业核心竞争力的实践管理方法进行探讨，力图将企业核心竞争力理论推向管理实践。以企业素质为中心的竞争理论把企业的核心竞争力看作是一组能力或者机能的集合，可以表示为一个机能网络。正是这些机能网络决定了企业的能力差异，进而导致了企业的边界的不同。

4.2.2 核心竞争力理论的内容

企业核心竞争理论认为企业在本质上是一个能力的集合体。这种能力是企业在长期的生产经营的过程中通过学习逐步积累的，蕴含在企业之内，对于企业过去、现在和未来的竞争优势发挥着支撑作用。企业的核心竞争力不同于企业的一般竞争力。营销竞争力、研发竞争力、理财竞争力、产品竞争力等作为企业特定方面的竞争力，对企业的核心竞争力具有影响，成为企业核心竞争力的重要组成部分。企业的核心竞争力在企业发展中，特别是能力构建中具有核心地位，影响全局竞争力，是一般竞争力的统领。

1. 企业的核心竞争力的特征

企业的核心竞争力具有以下几方面的特征：一是异质性。核心竞争力来自于企业组织长期集体学习的累积，来自于生产经验和价值观念的传递，具有强烈的路径依赖和历史依存性。因此，每个企业的核心竞争力是其所独有的，是稀缺的，也是其他企业难以复制的。二是专用性。企业的核心竞争力也是企业的专用资产。对企业核心竞争力的投资具有不可还原性，因此核心竞争力是企业的一项专门资产。三是价值性。企业的核心竞争力在企业生产经营的过程中有效地降低了企业的生产成本，能够使本企业具有得到消费者青睐的长期优势。核心竞争力对企业、对顾客都具有独特的价值，对企业赢得和保持在同行业生产经营活动中的优势具有特殊的作用。四是不易仿制性。构成核心竞争力的某些内容或许可以被其他企业所模仿，如单个技术、单个产品设计，但企业的核心竞争力是企业在长期的生产经营过程中形成的本企业经营心得，甚至在形成的过程中还渗透了供应商和广大客户的反馈意见、互动与沟通。因此，其他企业难以仿制，即使能够仿制，在时间上也会大大落后。在当前市场竞争力加剧、产品更新换代日新月异的条件下，时间的滞后将使企业模仿收益大大降低。

2. 企业核心竞争力的构成维度

企业的核心竞争力包含四个相互关联的维度：企业制度、技能知识系统、管理系统、文化及规范系统，是受到企业知识、资源、文化、信息技术等多因素影响而形成的包含多层次内容庞大体系。

构成企业核心竞争力的主要包括三个层次，这三个层次在企业核心竞争力构成中的地位并不是固定的，在不同的历史条件下，呈现出不同的面貌（见图4－3）。时间、服务与营销构成了企业核心竞争力的外在表现层。这些因素也是消费者可以直接感知的因素。在产品更新速度不断加快、消费需求易变的现实条件下，能够以最短的时间、最低的成本和最佳的质量向顾客提供所需要的产品和服务的企业，就能走在竞争对手的前面，就能赢得更多的顾客。此外，还需要尽快地缩短产品研发的时间。营销是将企业产品和消费者联系起来的纽带。营销能力包括发掘客户价值的能力和把产品变现的能力，主要包括把握市场动向的“情报力”、有组织向企业渗透的“店铺力”、提高商品销售能力和竞争能力的“商品力”、接近和影响顾客的“推销力”，以及维护顾客关系的“服务力”①。

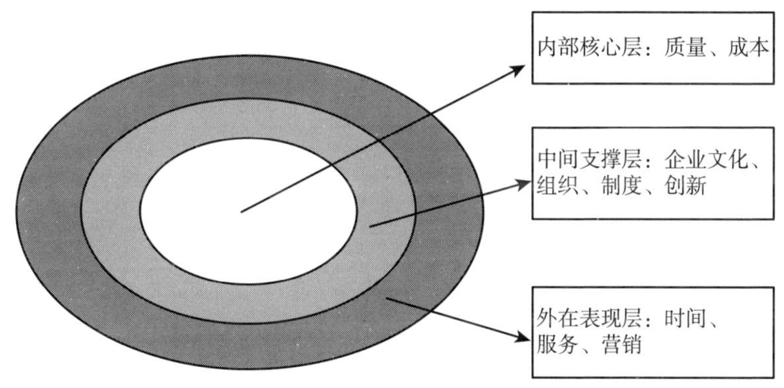

图 4－3　企业核心竞争力层次分布

企业的文化、组织、制度和创新能力构成了企业核心竞争力体系的第二层次。一般认为企业的文化是企业成员共同的价值观体系，它赋予了企业鲜明的特色，将一个企业和其他企业区别开来。组织是企业配置资源与整合资源的基础。具有组织能力优势的企业，能够将企业原本拥有的资源、知识转化为企业的核心竞争力，能够将其他企业所拥有的独特优势为己所用。制度是企业核心竞争力的内涵之意。企业制度的设计应该是一个严密而有效的实施系统。作为科层管理的典型代表，制度在企业核心竞争力的构建中具有不可替代的作用。创新是一个国家和地区的不竭动力，贯穿于企业每一个环节，在产品设计、生产制造、销售技术都可进行创新，甚至在管理组织和管理艺术上也都可以进行创新。

质量和成本是企业核心竞争力的内部核心层。二者之间存在着很强的协调性。质量的提高往往带来产品成本的增加。消费者是通过产品来认识企业的，产品的质量对企业的发展具有重要作用。成本是企业在生产经营

① 童利忠，丁胜利，马继征．企业核心竞争力新论——理论与案例［M］．北京：人民邮电出版社，2006：31.

的过程中，为了保证产品和服务的质量而必须发生的支出。

4.2.3 企业的核心竞争力决定了企业经营范围的广度和深度

首先，企业核心竞争力是企业拥有的最重要的资源和资产，企业能力可以从本质上把企业能够承担的经营活动界定清楚。而企业核心竞争力的储备状况决定了企业的经营范围，特别是企业多元化经营的广度和深度。其次，企业的核心竞争力的差异决定了企业的效率差异，进而决定了企业的收益差别。各企业的员工组成、能力、组织结构、经历、内部各要素之间的相互作用各不相同，由此使各企业在从事相同或者不同的生产经营活动的时候具有了不同的能力，显示出不同的效率，表现在企业的技术水平、生产成本、产品特色、服务质量、市场位置等方面的差别，并最终体现在获利的多寡。鉴于以上分析，可以看出作为一个生产的主体，企业的行为都应当服务于提高企业核心竞争力的目的。企业生产什么、怎么生产，都应当以有利于提高企业的核心竞争力为标准。

4.3 网络优势与跨国公司的垂直分离

通过上面的分析，可以看到企业的核心竞争力作为一个受到质量、成本、技术、文化、制度等多种因素影响的集合概念，具有非常大的复杂性。在经济发展的不同阶段，这些因素对企业核心竞争力的作用也各不相同。自第三次技术革命以来，经济运行的环境发生了很大的变化，模块化生产方式的出现、消费需求的进一步细分、信息技术的发展降低了某些因素在核心竞争力中的作用，同时又提高了另外一些因素的作用，使企业的竞争优势发生了位移。“物竞天择，适者生存”，在新的经济环境下企业要仍然保持长久的竞争优势，就必须对变革了的竞争环境作出反应。如前文所述，跨国公司垂直分离并不意味着企业组织结构向纵向一体化以前的纯粹市场交易回归，而是一个企业分工进一步发展、企业生产合作网络形成的过程。在新的历史条件下，跨企业生产网络的形成，给企业带来了异于纵向一体化的新优势。

4.3.1 企业生产经营灵活性增强

在垂直一体化较为适应的大规模生产阶段，消费者的需求是同质且大批量的。例如，在20世纪上半叶，汽车行业采用以流水线为代表的福特制生产模式，通过产量的扩大获得了规模经济和生产的低成本、高效率，推动了制造业以前所未有的速度发展，造就了人类社会财富的极大丰富。这一时期的企业核心竞争力体现于稳定的产品质量、良好的售后服务。消费者对于商品的个性化需求让位于产品的质量。但是，随着第三次科技革命以来市场竞争形势的发展，越来越丰富的商品供应带来了越来越激烈的市场竞争。消费者已经不再仅仅满足于被动的选择传统的产品。由于诸多产品的生产实现了标准化，很多消费者愿意为了体验新的功能而购买最新的产品。产品的个性化成为相当一部分消费者在决定消费选择时的最重要因素。为了满足消费者需求和赢得市场竞争，制造商不得不重视顾客多样化和个性化的需求，满足其产品上市快、低成本而高质量的要求。时代的发展向生产厂商提出了一个新的要求：在产品差异化、小批量化的条件下，生产厂商已经不能再像以前那样长时期将产品固定于某一种或者有限的某几种产品的开发，并将这些产品打造成经久不衰的“精品”。为了满足消费者“汹涌而来，瞬间又会衰减”的需求，企业的生产必须保持足够的经营灵活性。只有这样，当某种“短平快”的需求到来或者企业在某方面取得创新时，企业能够迅速地组织生产力量快速地将自己的产品推向市场，获得竞争优势。当这种需求因为跟随企业的进入而衰减的时候，企业能够以较少的成本或代价从该产品生产中迅速退出。也就是说，市场发展的不确定性要求企业的组织形式具有动态灵活性和柔性。而跨国公司的垂直分离和网络组织就是为了适应快速变化的外部环境及稍纵即逝的市场机遇而组成的动态组织形式，是为了实现在不确定的条件下重新塑造企业的核心竞争力。

垂直分离化后形成的网络组织之所以能够承担这样的角色，是因为网络组织是一种柔性的生产结构，它具有以下几个方面的特征。一是网络组织的弹性化。经济研究表明，任何一个刚性组织，无论是企业还是社会组织，其建立和健全需要一个长期的过程。在这个过程中，组织内部各个组成部分之间就会形成稳定的内部联系。在外部环境变动不大的情况下，内部联系的稳定有利于各个组成部门之间有计划地开展工作，并提高效率，降低摩擦成本。但也存在着一定的弊端，主要表现为组织变动的难度较大，往往牵一发而动全身。任何一个部门的撤销或增加都会在组织内形成一定的震动，甚至造成混乱。要使各部门重新建立起和谐的协作关系，往往需要付出较大的成本代价和时间代价。很显然，这样的组织结构难以适应千变万化的外部环境。而在企业垂直一体化形成的大型企业中这种情况是普遍的存在的。一体化的实施就是为了构建生产链各环节之间的紧密合作关系。在市场形势发生变化的情况下，企业如果要撤销某个生产部门，往往需要小心谨慎，避免对整个企业的发展造成不良影响。而实行了垂直分离化以后，新的生产网络不再局限于一个企业内部，而将生产之间的联系定位于一种契约关系。这时候企业管理者研究的重点就集中于如何制订一种详细而又明晰的客户选择方案。原有企业内部各部门之间的协作关系就被网络组织内部的契约关系所取代，而且，在多数网络组织内部，每项业务交易双方往往不是一一对应的，一个买家要面对多个卖家，一个卖家也往往要面对多个买家。网络中一个企业发生变动，就会有其他企业的供应随时跟进，往往不会对整个网络的生产经营产生较大的影响。因此，在网络内企业的组织结构得到了灵活性和稳定性的统一，企业的生产规模可以为生产业务的增加而迅速地扩大。并且，网络组织贯彻了并行的设计思想，使企业的研发人员在设计一开始就有必要考虑产品整个生命周期生产的所有因素，包括成本、质量、用户要求等，集成地、并行地设计产品和相关工艺，以任务为中心，将相关性较大的人、资源集中在一起，既满足了时间竞争的要求，又提高了企业应付环境变化的能力。

二是网络组织的扁平化。近年来，扁平化正在成为各种组织变动的新趋势。甚至有学者提出了“世界是平的”的思想。相对于垂直一体化的大型跨国公司而言，跨国公司实施垂直分离化以后形成的企业网络都带有扁平化的特征。扁平化的组织设计进一步提高了企业经营的灵活性。主要体现为：扁平化的组织结构减少了跨国公司的层级，有利于企业信息的上传下达，使上下级之间的沟通更加有效率，信息传递过程中失真的可能性也会减少，有利于企业内部更好地沟通，进一步增强了企业调整产品结构或业务的速度。扁平化的组织设计还改变了员工之间的协作关系，有利于调动员工的积极性和主动性。在传统的组织中，特别是大型的、以专业化分工为基础的组织结构中，员工往往因为工作性质相同或相近而被集中在一起。这样的工作模式使员工很难有机会相互配合，共同参与团队协作。而垂直分离条件下形成的网络组织给他们带来了这样的机会。员工的责任心和积极性得到充分发挥。企业管理者也可以对不同工作团队的业绩进行考核，奖励优秀的工作部门，淘汰落后的工作部门。

4.3.2 引导规模经济向生产环节内部发展

规模经济和范围经济曾经一度是跨国公司实施纵向一体化的主要原因之一。规模经济（Economics of Scale）又称“规模利益”（Scale Merit），指在一定科技水平下生产能力的扩大，使长期平均成本下降的趋势，即长期费用曲线呈下降趋势。正是由于规模经济的存在，才使企业进一步扩大生产规模。规模经济的主要来源包括以下几个方面：一是生产的专业化，生产经营达到一定规模以后，企业就可以采用专用的设备，进行专业化的生产；二是学习效应，表现为员工在工作中劳动的熟练程度和工作效率；三是有关费用的节省，如研发费用等；四是依靠生产规模获得市场交易的有利地位，如原材料购买和产品销售中的强势地位，甚至是垄断地位。跨国公司的垂直分离化不但没有否定规模经济效应，还使规模经济朝着生产分工的更深层次发展。

首先，跨国公司的垂直分离化进一步提高了资产的专用化水平。与垂直一体化阶段不同，跨国公司垂直分离化以后，意味着相关企业内部的生产环节减少，原先在整个生产链条上进行生产的企业就变成了在生产链条的某一个阶段上进行生产。这时企业有条件将分离出去的生产链条上的专用型设备出售，购进保留链条的专用设备。企业的经营范围得到进一步压缩，并不意味着产品环节生产规模的缩小，在多数情况下恰恰相反，跨国公司垂直分离化以后的经营规模进一步扩张。企业生产的专业化相应得到提高。企业具有了改进专门生产设备的积极性和动力。因此，随着跨国公司垂直分离化的发展，企业的资产专用性水平得到了提升。

其次，跨国公司垂直分离化从生产环节变动的角度讲，是一个企业经营环节先收缩，然后在新的生产环节上再度扩张的过程，即总体生产环节收缩而单个环节生产规模扩张的过程。也有学者将这一过程概括为“归核化并从核心业务再扩张”。在这个过程中，企业同时完成了非核心业务的剥离和优势业务的拓展。克里斯·祖克提出了企业业务再扩张的基本路径，如图 4 -4 所示[①]。

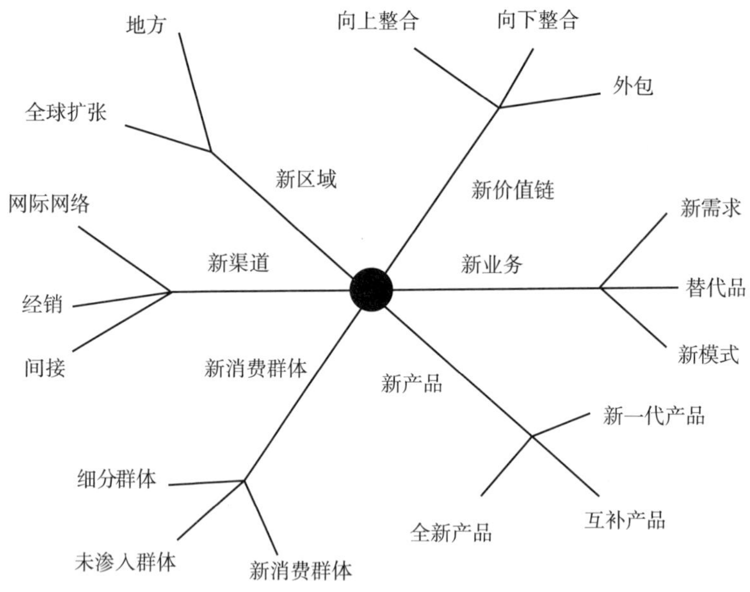

图 4 -4　跨国公司从核心业务的再扩张

① 克里斯·祖克. 从核心扩张［M］. 曾淯菁译. 北京：中信出版社，2004：32.

跨国公司在实施非核心业务的剥离之后，将沿着以下几条路径展开扩张：推出新的产品（中间投入品）或设计、扩展到新的销售市场、做大新的产业链环节、扩大销售渠道、开发新的消费群体或新的业务。先放弃部分生产环节，再将具有竞争优势的生产环节扩大，在该环节的生产中占据更大的市场份额，有利于企业在新的核心业务上实现规模经济，提高企业的核心竞争优势。

4.3.3 “梯子原理”与跨国公司垂直分离

在纵向一体化的企业核心竞争力决定理论中，有一个众所周知的原理，被称为“木桶原理”或者“短板原理”，由美国经济学家彼得提出，其核心内容为：一只水桶盛水的多少，并不取决于桶壁上最高的那块木块，而恰恰取决于桶壁上最短的那块。对一个组织而言，构成组织的各个要素类似于木桶的若干块木板，而组织的能力犹如木桶的容量，取决于组织中的要素。一个企业的市场竞争力取决于该企业所拥有的各项能力中的最薄弱部分。尽管有学者也论证了“反木桶原理”的可行性①，但是在企业发展的实践中仅仅为个案。更多的企业发展轨迹验证了这一论断。跨国公司垂直分离化以后，通过建立网络组织，有效地改变了单个企业有限的知识存量和单一的核心能力的局限。其具体的操作过程是将复杂的产品生产技术按照模块化的原则分拆为多个子项目，每个子项目的承担者均是通过“背靠背”的竞争机制选择出来，或者通过合作企业间的协商指定由具有优势的企业承担。这些企业不一定在任何方面均很优秀，但在所承担的子项目这一既定领域内肯定是佼佼者。在企业的合作生产中，每个企业均发挥了自己最擅长的优势，将生产定位于自己最具有竞争优势的环节，其后通过一定的组织性和合作机制，由一个或几个核心企业将各个企业生产的中间投入品组合成一个完整的产品提供给消费者。在这个产品的生产过

① 如德鲁克（Drucker）认为木桶最长的一块木板决定了其特色与优势，在一个小范围内成为制高点；对组织而言，凭借其鲜明的特色，就能跳出大集团的游戏规则，独树一帜地建立自己的王国。他提出了一句著名的论断：“Build your performance on strength, not weakness.”

程中，实际上集中了各个企业的最佳优势，所生产的产品是强强联合的产物。因此，与纵向一体化企业中的最终产品由企业短板所决定不同的是，网络经济条件下生产出的最终产品的市场竞争能力由各个企业最擅长的环节所决定。

更为难能可贵的是，垂直分离化以后产生的网络组织给各个成员企业提供了一个学习和提高的机会，而这是企业核心竞争力最为关键的因素之一。

首先，企业与企业之间的对话、沟通的积极性和可能性大大增加。通过网络化的安排，大量企业集聚在同一生产链条中，为了强化协作，任何一家企业都在与合作企业的互动中生存。这与在纵向一体化企业关起门来生产有极大的不同。在互动中，一直被经济学视为“黑匣子”的企业内部运行在网络内部敞开，使各个网络成员企业有机会了解到合作伙伴的思维、管理、标准、机制，有机会学习合作伙伴的优点，弥补自己的不足。另外，为了推动供应的标准化和合格率，成员企业特别是居于核心地位的优势企业对外转移技术的主动性大大增强，这也为其他成员企业学习更先进的生产技术提供了以前没有的通道。

其次，跨国公司垂直分离化还为网络组织成员提供了共同研发的机会，有利于成员企业的“干中学”。价值网络通过网络理念、网络规则将数十个甚至是数百个企业团结在一起，极大地增强了企业在经营活动中的实力，增加了企业承担市场风险的能力。这种风险既包括市场波动带来的风险，又包括网络组织通过建立合作联盟的形式，实现目标和利益的一致，降低合约风险，还包括一个成员企业可以联合多家网络成员就既定的项目开展联合攻关，共同开发，从而为网络企业进行“干中学”提供了良好的保障。

综上所述，跨国公司垂直分离化之后建立的网络组织不仅能帮助各成员企业将自己具有竞争优势的能力凝结于最终产品，进而提高产品的利润和自身的优势，还建立起一种相互学习的推动机制。在网络经济条件下，企业与合作伙伴之间呈现出一种互相推动、互相学习、共同提高的良好态势，这是一种良性的合作机制，我们将这种机制称为“梯子原理”：网络成员之间相互借梯，互为扶梯，共同进步。当然，这一机制的存在与作用的发挥还需要有一定的条件作为基础，所以“梯子效应”不会在所有的企业中发挥作用，从而导致企业垂直分离化局限在一定程度上和一定范围内。

第5章

垂直分离化对世界经济格局的影响

跨国公司垂直分离化和网络化的发展作为企业组织发展的一种新趋势，在经济发展中逐渐占据了越来越重要的地位，尽管还不能成为企业成长的必然路径选择，但已经成为许多企业在进行组织体系设计的时候认真考虑的重要因素之一，并在生产模块化、分工链条可分性较强的产品生产中得到了初步的应用。这一新的发展趋势，必将对世界经济发展的总体格局产生深远的影响。

5.1 生产链垂直贸易的兴起

国际贸易的内涵经历了一个逐步发展的过程。在古典经济学里，贸易主要表现为两个区域各具比较优势或者相对比较优势的产品的交换。“互通有无”或者“互换优势产品”是这一时期贸易的主要特色，生产效率的不同是产品价格差异的主要原因，也是国际贸易最根本的基础。随着分工的进一步深化，赫克歇尔、俄林又提出了要素禀赋模型，对国际贸易做了新的阐述，揭示了国际贸易的新特色和内涵。该理论认为各国之间的价格差异是产生国际贸易的直接动因，而产品的价格差异源于生产要素价格差异。生产要素的相对价格差异又源于各国要素禀赋即要素供给的差异。各国要素禀赋的差异是国际贸易的基本动因。近年来，国际生产格局持续调整，国际贸易的表现形式更加丰富多样。特别是自20世纪60年代以来，国际贸易实践中也出现了许多新趋向，工业国家之间的许多贸易活动用传统的比较优势理论无法予以适当解释，主要体现在：（1）里昂惕夫之谜；（2）世界贸易的绝大部分是在要素禀赋相似的工业化国家之间进行的，且大部分贸易是产业内贸易，即相似产品的双向贸易；（3）不完全竞争市场的普遍发展。这种新的贸易倾向显然不能用传统的国际贸易理论来解释，而需要对其理论框架进行扩展或重构。于是一批经济学家从贸易实践出发，利用新的分析工具，尤其是借鉴了产业组织理论的重要模型，对国际贸易理论进行了新的发展，由此产业内贸易的新概念就应运而生。随着跨国公司垂直分离化的实施，一个产品的生产被划分为多个生产链条片断，要转化为消费者的消费品，就必须通过贸易的方式将这些生产链条连接起来。作为一种新的贸易形式：产业链内垂直贸易应运而生。这一概念不同于一般的贸易形式的特殊性在于：这种贸易行为不是两种消费品之间的交换，而是生产一个产品中间投入品的交易。它不一定局限在不同国家之间，但一定是同一个企业链内部，这种贸易形式具有明显的单方向性。

5.1.1 国际服务贸易规模呈现出加速化发展的趋势

随着近年来世界经济结构的不断调整和经济全球化进程的加快，世界各国的服务也获得了很大的发展，在各国经济结构中所占的比重越来越大。随着服务业经济的进一步发展，国际服务交换日益扩大，服务贸易已经成为当今国际贸易发展最为迅速的领域。这一趋势在20世纪有所显现。近年来，特别是国际金融危机发生以来，随着国际分工合作的进一步发展，服务贸易增长比货物贸易增长更为迅速。

服务贸易的快速增长始于20世纪80年代。1970年全球服务贸易额仅为1000亿美元左右。在整个70年代，世界服务贸易出口年均增长率大体保持在17%左右，与同期货物贸易出口的年均增长率大体持平。但进入80年代以后，由于各国逐步放宽了对服务贸易的限制，服务贸易的发展速度大大增加，开始高于货物贸易，到80年代后期年内增长速度竟然高于服务贸易10个百分点。其后，服务贸易曾经经历了90年代增速下降的时期，但一直没有出现比货物贸易增长速度慢的情况。自进入21世纪以后，特别是在国际金融危机发生以来，国际服务贸易的发展进入稳定增长时期。根据世界贸易组织的统计，在21世纪初，全球国际服务贸易进出口额均保持在1.48万亿美元左右。到2007年全球服务贸易进口额达到3.37万亿美元，是2000年的2倍多，进口额达到了3.11万亿美元，也为2000年的2倍多。特别是在2003~2008年间，全球国际服务贸易进口额和出口额的增长率一直保持在10%以上（见表5-1）。

表5-1　国际服务贸易总量情况

年份	出口额（十亿美元）	增长率（%）	进口额（十亿美元）	增长率（%）	进出口总额（十亿美元）	增长率（%）
1999	1395	3.59	1365	3.83	2760	3.71
2000	1481	6.16	1454	6.52	2936	6.38
2001	1484	0.2	1473	1.31	2958	0.75
2002	1596	7.55	1560	5.91	3157	6.73
2003	1832	14.79	1781	14.17	3614	14.48
2004	2221	21.23	2119	18.98	4340	20.09
2005	2480	11.66	2352	11	4833	11.36
2006	2817	13.59	2628	11.73	5445	12.66
2007	3372	19.7	3114	18.49	6486	19.12
2008	3778	12.04	3489	12.04	7267	12.04
2009	3350	-11.33	3145	-9.86	6495	-10.62
2010	3695	10.3	3510	11.61	7205	10.93

资料来源：WTO统计资料，International Trade Statistics（2009-2011）。

2009 年全球服务贸易的发展受 2008 年全球金融危机的影响，一度出现下降。根据 WTO 统计，2009 年国际服务贸易出口金额为 3.35 万亿美元，较 2008 年下降 11.33 个百分点，进口金额为 3.15 万亿美元，较 2008 年下降 9.86 个百分点。服务贸易总量为 6.50 万亿美元，较上年下降 10.62 个百分点。但在 2010 年这一趋势得到迅速扭转，2010 年国服务贸易进口额较 2009 年增长 10.3%，几乎恢复到 2008 年的水平，进口额为 3.51 万亿美元，较 2009 年增长 11.61%，较 2008 年增长 5.96 个百分点。从图 5－1 中可以更加明显地看到这一趋势。

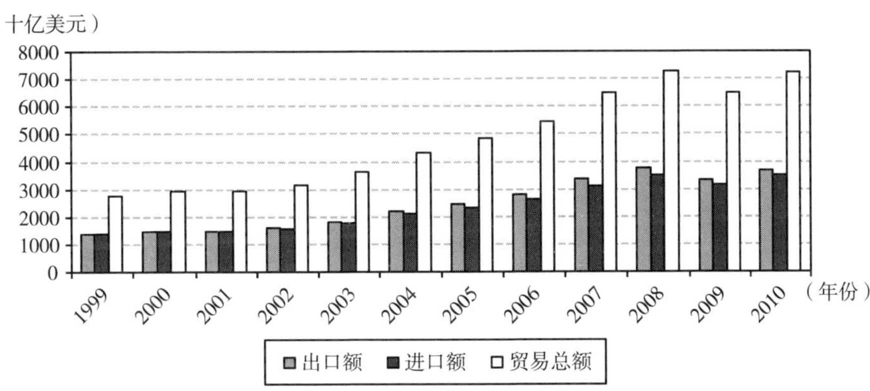

图 5－1　1999～2010 年服务贸易变动趋势

资料来源：WTO 统计资料，International Trade Statistics（2009－2011）.

服务贸易的增长不但快，而且还有不断加速的趋势。以服务贸易在整个国际贸易中所占的比重看，在 20 世纪 70 年代和 80 年代中，服务贸易占整个国际贸易的比重约为 1/5，在 90 年代则上升到 1/4，进入 21 世纪初以来，服务贸易在整个国际贸易中所占的比重达到了 1/3。2008 年全球金融危机以后，这一比例又进一步增长到 60%。因此，服务贸易正在成为国际贸易的重点。

5.1.2　国际服务贸易结构呈现出高科技化的趋势

第三次技术革命特别是信息技术的发展，对知识型服务贸易品的增加产生了极为重要的作用。这是因为信息技术革命带来的知识型服务产品极大增强了知识向服务产品的可流通性，使知识型服务产品变得更容易储存、定价和及时交易。知识经济时代知识存在的数字化、编码化及知识活动方式的计算机化和网络化刷新了知识与产业及经济的关系。现在，低成本、高宽带的通信设备，数字化网络与先进的集成软件系统等，正在使原先难以或者不能进行的服务成为可交换的对象。在信息技术的不断推动下，国际服务贸易的产业结构和竞争格局也发生了相应的变动。主要表现在：以电子信息技术为主和以高科技为先导，与人力资本和知识经济密切的资本密集型、知识密集型服务贸易发展迅速，逐渐成为服务贸易的重点领域，如保险服务、金融服务、资讯服务、会计服务和电信服务等。而传统服务贸易，如运输服务和旅游服务在国际服务贸易总体中所占的比重趋于下降。表 5－2 描述了 1994～2010 年分部门国际服务贸易发展变动的情况。由于各部门进口额、出口额和进出口总额在服务贸易中所占的比重基本一致，所以本书以各部门出口额为例说明国际服务贸易分部门所占比重发展变动的趋势。在 20 世纪 90 年代中期，传统的服务贸易（如与自然资源有较强相关性的旅游服务业和与实物资本有直接联系的交通服务运输服务业）在国际服务贸易中占据了较大比重。1994 年交通运输占国际服务贸易总额的 25.3%，旅游服务占国际服务贸易总额的 34%。到 2010 年这一比重分别下降到 21.5% 和 21.3%。而其他服务则在过去的 16 年中上升了 12.7 个百分点。这一变动充分说明国际服务贸易的贸易结构正在走向高级化，以自然资源和劳动密集型为基础的服务贸易将转向以知识、智力或资金密集型为基础的现代服务贸易。

表 5－2　1994～2010 年国际服务贸易分部门所占比重情况　单位：%

年份	运输			旅游			其他服务贸易		
	总额	出口	进口	总额	出口	进口	总额	出口	进口
1994	25.3	25.7	30.2	34.0	34.1	32.2	38.9	40.3	37.6
1995	27.9	25.6	30.2	33.1	34.4	31.9	39.0	40.0	38.0
1996	26.6	24.4	28.6	33.1	34.5	31.8	40.2	41.1	39.4
1997	26.4	24.3	28.6	32.4	33.8	31.1	41.2	42.0	40.4

续表

年份	运输			旅游			其他服务贸易		
	总额	出口	进口	总额	出口	进口	总额	出口	进口
1998	25.5	23.4	27.6	31.9	33.1	30.7	42.6	43.5	41.7
1999	25.3	23.3	27.2	31.8	32.9	30.7	42.9	43.8	42.1
2000	26.1	23.5	28.7	31.2	32.3	30.2	42.7	44.2	41.1
2001	25.4	23.2	27.5	30.2	31.5	29.0	44.4	45.3	43.5
2002	24.5	22.6	26.4	29.8	30.6	29.0	45.7	46.8	44.6
2003	24.5	22.3	26.7	28.8	29.3	28.2	46.8	48.4	45.1
2004	25.2	22.8	27.7	28.2	28.6	27.9	46.6	48.7	44.5
2005	25.3	22.7	28.1	27.8	28.1	27.4	46.9	49.2	44.5
2006	25.2	22.2	28.4	26.3	26.2	26.4	48.5	51.6	45.3
2007	25.1	22.0	28.5	25.7	25.6	25.6	49.4	52.4	46.0
2008	26.6	23.6	30.0	24.8	25.2	24.36	48.6	51.3	45.7
2009	23.1	20.2	25.4	24.9	25.6	24.6	52.3	54.2	50.0
2010	21.5	21.3	27.3	21.3	25.4	24.1	51.6	53.3	48.7

资料来源：WTO 统计资料，International Trade Statistics（2009 – 2011）.

5.1.3 服务贸易区域结构呈现出不平衡发展的趋势

尽管发展时间不长，各地区、各国不同的经济基础对本地区服务贸易的影响已经很明显地表现出来。此外，各国在发展服务业特别是发展服务贸易方面的不同政策和重视程度也对各地区服务贸易的发展产生了重要影响，导致全球范围内服务贸易发展的区位结构呈现出明显的不平衡性。

1. 各大洲中以北美欧业为主体

从全球服务贸易的分布情况看，国际服务贸易主要集中在欧洲、北美洲和亚洲三大区域。其中，欧洲的服务贸易主要集中在欧盟，而亚洲的服务贸易主要集中在东亚地区。表 5 – 3 统计了进入 21 世纪以来国际服务贸易在各大洲和各经济体之间的分布情况。根据表 5 – 3 的数据，可以计算整理出表 5 – 4 分地区和经济体市场占有率的整体状况的变动趋势。

表 5-3　　**2000～2010 年国际服务贸易分地区和经济体进出口金额**

单位：亿美元

出口

地区或经济体	2000年	2001年	2002年	2003年	2004年	2005年	2006年	2007年	2008年	2009年	2010年
北美洲	3264	3129	3214	3345	3858	4231	4701	5455	5972	5511	6026
中南美洲	466	456	445	494	573	698	792	936	1081	999	1116
欧洲	7208	7396	8103	9669	11783	13020	14601	17659	19745	16957	17430
独联体	176	199	234	271	350	414	514	675	855	711	793
非洲	315	323	346	429	522	558	625	741	847	767	846
中东	338	329	348	438	509	645	783	895	961	937	966
亚洲	3063	3035	3302	3672	4702	5392	6293	7720	8962	7977	9749

进口

地区或经济体	2000年	2001年	2002年	2003年	2004年	2005年	2006年	2007年	2008年	2009年	2010年
北美洲	2635	2600	2672	2872	3295	3565	4000	4407	4786	4348	4713
中南美洲	547	550	488	512	585	711	810	992	1199	1106	1362
欧洲	6663	6859	7413	8816	10437	11461	12552	15091	16966	14827	15155
独联体	241	297	341	399	508	590	690	911	1146	923	1071
非洲	386	412	422	484	603	718	859	1097	1426	1266	1390
中东	488	469	511	605	777	974	1205	1581	1835	1690	1841
亚洲	3612	3568	3768	4130	5119	5710	6470	7640	8861	7956	9580

服务贸易盈余

地区或经济体	2000年	2001年	2002年	2003年	2004年	2005年	2006年	2007年	2008年	2009年	2010年
北美洲	629	529	542	473	563	666	701	1048	1186	1163	1313
中南美洲	-81	-94	-43	-18	-12	-13	-18	-56	-118	-107	-246
欧洲	545	537	690	853	1346	1559	2049	2568	2779	2130	2275
独联体	-65	-98	-107	-128	-158	-176	-176	-236	-291	-212	-278
非洲	-71	-89	-76	-55	-81	-160	-234	-356	-579	-499	-544
中东	-150	-140	-163	-167	-268	-329	-422	-686	-874	-753	-875
亚洲	-549	-533	-466	-458	-417	-318	-177	80	101	21	169

资料来源：WTO 统计资料，International Trade Statistics（2011）.

表 5 - 4　　**2000 ~ 2010 年国际服务贸易分地区和经济体市场占有率情况**

单位：%

出口

地区或经济体	2000年	2001年	2002年	2003年	2004年	2005年	2006年	2007年	2008年	2009年	2010年
北美洲	22. 01	21. 05	20. 1	18. 26	17. 3	16. 95	16. 61	16. 01	15. 54	16. 28	16. 32
中南美洲	3. 14	3. 07	2. 78	2. 7	2. 57	2. 8	2. 8	2. 75	2. 81	2. 95	3. 02
欧洲	48. 6	49. 75	50. 67	52. 78	52. 85	52. 17	51. 58	51. 81	51. 39	50. 08	47. 2
独联体	1. 19	1. 34	1. 46	1. 48	1. 57	1. 66	1. 82	1. 98	2. 23	2. 1	2. 15
非洲	2. 12	2. 17	2. 16	2. 34	2. 34	2. 24	2. 21	2. 17	2. 2	2. 27	2. 29
中东	2. 28	2. 21	2. 18	2. 39	2. 28	2. 58	2. 77	2. 63	2. 5	2. 77	2. 62
亚洲	20. 65	20. 41	20. 65	20. 05	21. 09	21. 6	22. 23	22. 65	23. 32	23. 56	26. 4
北美欧亚合计	91. 26	91. 21	91. 42	91. 09	91. 24	90. 72	90. 42	90. 47	90. 25	89. 92	89. 92

进口

地区或经济体	2000年	2001年	2002年	2003年	2004年	2005年	2006年	2007年	2008年	2009年	2010年
北美洲	17. 77	17. 62	17. 11	16. 12	15. 45	15. 02	15. 05	13. 89	13. 21	13. 54	13. 42
中南美洲	3. 69	3. 73	3. 13	2. 87	2. 74	3	3. 05	3. 13	3. 31	3. 44	3. 88
欧洲	44. 93	46. 49	47. 48	49. 48	48. 94	48. 3	47. 21	47. 58	46. 84	46. 17	43. 16
独联体	1. 63	2. 01	2. 18	2. 24	2. 38	2. 49	2. 6	2. 87	3. 16	2. 87	3. 05
非洲	2. 6	2. 79	2. 7	2. 72	2. 83	3. 03	3. 23	3. 46	3. 94	3. 94	3. 96
中东	3. 29	3. 18	3. 27	3. 4	3. 64	4. 1	4. 53	4. 98	5. 07	5. 26	5. 24
亚洲	24. 36	24. 18	24. 13	23. 18	24. 01	24. 06	24. 34	24. 09	24. 46	24. 77	27. 28
北美欧亚合计	87. 06	88. 29	88. 72	88. 78	88. 4	87. 38	86. 6	85. 56	84. 51	84. 48	83. 86

资料来源：WTO 统计资料，International Trade Statistics（2011）.

通过表 5 - 4 可以看出，北美、欧洲和亚洲在国际服务贸易中占据着绝对的市场份额。在服务贸易出口方面，北美、欧洲、亚洲三大地区在全球服务贸易出口总额中占的比重一直保持在 90% 左右。其中在 2004 年上述第三大区域服务贸易额占国际服务贸易总额的 91. 24%，达到最大值。其后占比虽然有所下降，但依然在全球服务贸易中占有压倒性的地位。2010

年上述三大地区占据国际服务贸易出口市场的89.92%。在服务贸易的进口方面，上述三大地区同样是服务贸易的主要买家。2000年，北美、欧洲、亚洲服务进口分别占国际服务贸易进口的17.77%、44.93%和24.36%，到2010年欧洲、北美所占份额有所下降，但亚洲服务进口贸易所占比重有了较大增长，达到27.28%。此外，上述三大区域在贸易盈余方面均呈现出顺差的趋势，并且其差额还在逐渐扩大。2000~2010年美国贸易顺差从629亿美元增长到1313亿美元，欧洲从545亿美元增长到2275亿美元，亚洲从原有的逆差转变为顺差，达到169亿美元，昭示着这些地区服务贸易顽强的市场竞争力。

2. 在各国服务贸易发展中以发达国家和地区为主体

由于不同国家的经济基础不同，技术实力千差万别，不同国家和地区的服务贸易发展水平也大不相同。其中，发达国家和地区占据了国际服务贸易发展的主要部分。从表5-5中可以看出，2000~2010年的11年间，美国、英国、法国、德国、意大利、日本、荷兰、加拿大八国服务贸易出口额尽管从2000年的51.72%下降了12.77个百分点，但依然保持了约四成的份额。其服务贸易进口额占国际服务进口比重下降的幅度更大，但是也占据到国际服务进口总额的2/5。在2010年国际服务贸易出口排前15位的国家和地区中，美国占14.1%、德国占6.3%、英国占6.2%。而发展国家和地区仅占三席，中国占国际服务贸易总量的4.6%，名列发展中国家和地区的第一位，但仅为美国的1/3。印度近几年大力发展服务外包，取得了较好的成绩，但在国际服务贸易发展中所占的比重仅为3%，严重偏低。在服务进口中的情形与此类似（见表5-6）。

表5-5　2000~2010年英法德意荷加美日八国服务贸易市场占有率情况

单位：亿美元

国家	2000年	2001年	2002年	2003年	2004年	2005年	2006年	2007年	2008年	2009年	2010年
加拿大	435.97	432.36	444.55	517.71	580.23	649.06	718.41	817.23	876.04	781.06	899.63
美国	2031.68	2002.75	2056.77	2178.15	2522.66	2706.29	3050	3346.24	3650.13	3343.1	3580.74
法国	644	661.21	724.28	864.76	985.22	1060.46	1121.34	1282.56	1403.24	1260	1289.31

续表

国家	2000 年	2001 年	2002 年	2003 年	2004 年	2005 年	2006 年	2007 年	2008 年	2009 年	2010 年
德国	1358. 12	1405. 93	1437. 69	1713. 65	1952. 59	2101. 42	2240. 81	2586. 82	2884. 01	2525. 43	2597. 37
意大利	546. 32	560. 87	611. 1	731. 07	816. 9	884. 48	980. 32	1185. 54	1272. 07	1070. 94	1079. 39
荷兰	499. 41	521. 66	564. 92	629. 54	787. 1	835. 9	860. 08	973. 93	1112. 73	1075. 22	1061. 03
英国	968. 93	973. 52	1071. 77	1229. 48	1450. 96	1584. 72	1702. 73	1962. 12	1947. 15	1575. 01	1609. 38
日本	1052. 3	987. 62	978. 65	999. 06	1199. 25	1223. 69	1339	1486. 85	1674. 43	1469. 65	1558
七国占有率（%）	51. 72	51. 14	50. 53	49. 75	48. 28	46. 55	45. 19	43. 01	40. 91	40. 79	38. 95

资料来源：WTO 统计资料，International Trade Statistics（2011）.

表 5－6　　　　世界服务贸易进出口额前 15 位的国家和地区

出口			进口		
排名	国家/地区	市场占有率（%）	排名	国家/地区	市场占有率（%）
1	美 国	14. 1	1	美 国	10. 2
2	德 国	6. 3	2	德 国	7. 3
3	英 国	6. 2	3	中 国	5. 5
4	中 国	4. 6	4	英 国	4. 5
5	法 国	3. 8	5	日 本	4. 4
6	日 本	3. 8	6	法 国	3. 6
7	西班牙	3. 3	7	印 度	3. 3
8	新加坡	3	8	荷 兰	3. 1
9	荷 兰	3	9	意大利	3. 1
10	印 度	3	10	爱尔兰	3
11	中国香港	2. 9	11	新加坡	2. 7
12	意大利	2. 6	12	韩 国	2. 7
13	爱尔兰	2. 6	13	加拿大	2. 6
14	韩 国	2. 2	14	西班牙	2. 4
15	比利时	2. 2	15	比利时	2. 2

资料来源：WTO 统计资料，International Trade Statistics（2011）.

3. 发展中国家呈现出明显的上升势头

虽然受到历史条件的限制，发展中国家在服务贸易发展方面起步较晚，水平落后，规模较小。但近年来，很多发展中国家认识到发展服务贸易的巨大潜力和重要意义，因此纷纷采取措施，研究和把握服务业国际产业转移的重要机遇，进一步发挥自身在劳动力、旅游服务等传统服务贸易方面的比较优势，健全基础设施，提高人员素质，加快载体建设，使得本国范围贸易产品的市场竞争力大幅上升，因而在国际市场上所占的地位不断上升。目前，中国、印度、菲律宾、墨西哥、巴西等国已经逐步成为区域性的服务外包中心，在服务贸易方面的逆差也逐渐减少。

5.2 跨国公司垂直分离与国际生产结构调整

作为企业生产体系在全球范围的调整和重组的重要趋势之一，跨国公司生产链条的垂直分离化的发展必将引起国际生产结构的变动，进而引起全球分工格局的重组，对国际生产结构调整产生重要的影响。

5.2.1 跨国公司垂直分离化与国际生产分工格局

在传统的国际分工格局中，产业部门之间的分工占据了主流地位，其主要特点就是工业制成品的生产国和初级产品的生产国之间保持了一种垂直的分工关系，即发达国家从发展中国家进口原材料的同时对发展中国家出口工业制成品。而发展中国家恰恰相反，从发达国家进口工业制成品和出口原材料。这一趋势在很长的历史时期得到保持。虽然自20世纪50年代以来产业内贸易的兴起对这一问题有所改观，但并没有从根本上扭转这一局面。跨国公司垂直分离化的发展在某种程度上提供了一定的可能性。

1. 生产链单核心条件下跨国公司垂直分离化强化了对生产链其他环节垂直压榨

在传统的国际生产分工格局中，存在着一条重要的发展定律：生产利润在产业链各环节中的分配是不均匀的。其中，在产业链的两端利润最为丰厚，在产业链的中间部分特别是制造业组装环节生产的利润最低。如果用一条曲线来表示产业链各环节的利润分配关系，就是著名的“微笑曲线”（见图5－2）。

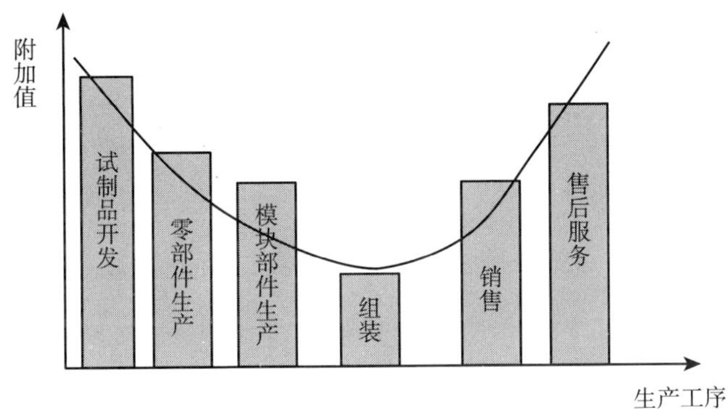

图5－2　微笑曲线示意

资料来源：经济产业研究所．模块化．东洋经济新闻社，2000.

如果在一个生产链条中只有一个跨国公司居于中心地位，其上游有多家企业为其提供产品，其产品可以应用于其他多个产品的生产，我们将这种生产链条称之为单核心的生产链。在这种生产结构下，由于居于核心地位的跨国公司在产业链的上游面对的是一个自由竞争的市场，而为其供应产品的上游企业面临的是买方垄断的市场，根据西方经济的原理，这种生产格局对上游企业是不利的，居于垄断地位的企业获得超额的利润。沿着产业链向下，跨国公司又面临的是一个卖方垄断的市场。根据同样的原理，居于核心地位的跨国公司又进一步侵占了下游的利润。而且随着跨国公司垂直分离化的发展，居于核心地位的跨国公司把降低利润的生产环节进一步对外转移，自己保留了高利润的生产环节，进一步提高了自身的利润率。此外，跨国公司垂直分离化作为部分跨国公司的主动举措之一，在什么时候分离、推动哪些环节分离方面占有很大的主动性，通过有计划的行动，跨国公司可以有意识地加剧上游企业之间、下游企业之间的生产竞争，从而进一步强化自身的垄断地位。所以说在单核心的生产链里面，跨国公司的垂直分离化加剧了跨国公司的纵向控制和垂直压榨，使企业间的利润分配更加不平衡。表现在图中就是生产链的微笑曲线变得更加陡峭，组装加工环节的利润更加微薄。关志雄（2000）将这种更加陡峭的生产曲线称之为“大笑曲线”（见图5－3）。

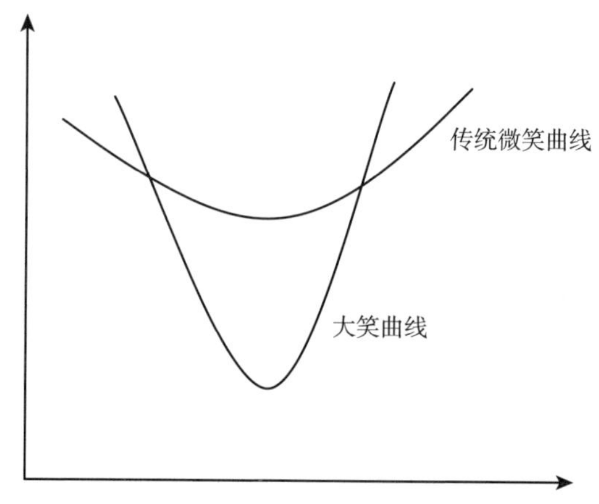

图5－3　产品的微笑曲线与大笑曲线

资料来源：关志雄，微笑曲线向谁微笑？——中国应谨防“谷贱伤农”的陷阱，日本产业经济研究所网站.

2. 生产链双核心条件下垂直分离化对各环节利润分配的影响

在一个生产链中如果有两个实力较为雄厚的大型公司，均采用模块化的生产方式，但核心竞争优势各不相同。两个公司都实施了垂直分离化的举措，但保留的生产环节各不相同。其中一个公司向另一个公司出售中间投入品，生产链条就演化为双核心的生产模式（见图5－4）。

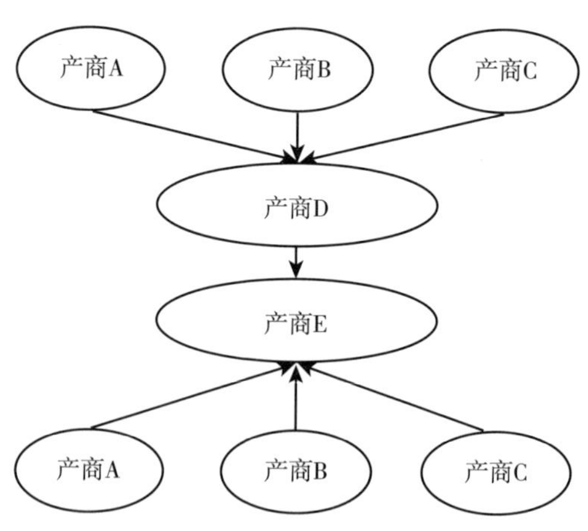

图5－4　双核心的生产链

在双核心的生产链条内，厂商D和厂商E均面临着一个方向上有利于自己的生产结构。厂商D居于买方垄断的地位，而厂商E居于卖方垄断的地位，均能获得来自上游或下游的超额利润。垂直压榨的现象并没有消失，但却具有另外一种启示意义：跨国公司垂直分离化提供了一种与在产业内占主导的企业错位发展的可能性。在传统的生产格局里，在产业链不占主要优势的企业处于服从的地位，占据核心的企业居于主导地位。在这样一种生产格局里，居于服从地位的跨国公司产业升级变得非常困难。因为其产业升级的过程就是跟占主导地位的企业竞争的过程。所以很多企业只能通过接受主导企业淘汰产业环节的过程升级换代，这样就产生了两个方面的问题：一是产业升级的过程非常漫长；二是产业升级的效果不很明显。但随着跨国公司垂直分离化的实施，原有占据主导地位的企业（如厂商D）需要对外转移自己的生产环节，寻找合作伙伴的主动性有所增长，转移出来的生产环节也不再是淘汰的或者落后的产能。而对于后起的企业来说，可以进一步发挥自己的生产优势，通过比较与合作伙伴或者竞争对象的优点、不足，联系考虑当时的机遇、面临的竞争，确定自己新的主攻方向，在一个自己具有相对优势的领域做大做强，甚至在特定的生产链条上居于垄断地位，最终发展成为厂商E。

3. 生产环节跨行业转移条件下的利润分配

由于产品生产所需要的重要投入品模块化和标准化的不断发展，一个产品不一定仅仅在本行业的生产过程中使用。很多产品会成为多个产品的中间投入品。例如螺丝，既可以使用于自行车的制造也可以使用于汽车、轮船、飞机、儿童玩具，甚至用于航天航空、精密仪器，用途非常广泛。这样就产生了一个特定的中间投入品应用于多个生产链的问题。跨国公司垂直分离化推动了生产的专业化，并进而引起了不同厂商之间关系的变化（见图5-5）。

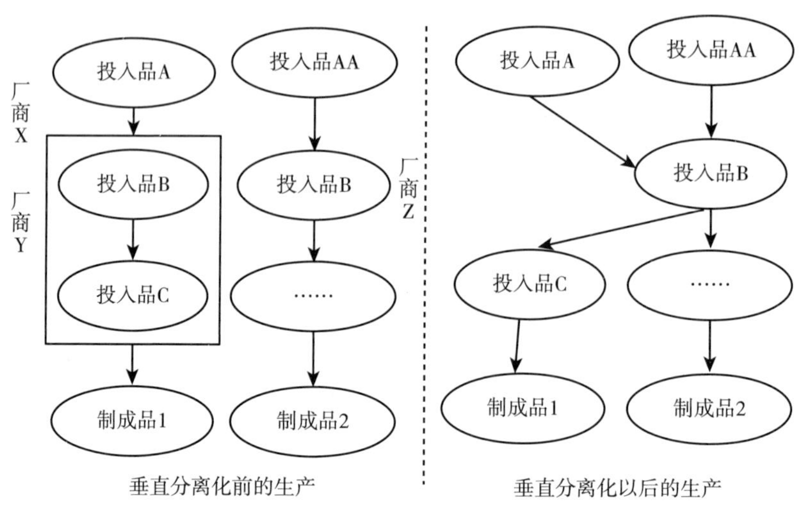

图 5-5　多行业下垂直分离对生产结构的影响

在图 5-5 中，有三个厂商生产两种产品，其中厂商 X 生产出中间投入品 A 销售给厂商 Y，厂商 Y 是一个垂直一体化的厂商，拥有两个生产环节：生产中间投入品 B 和中间投入品 C，最后由其他厂商加工成制成品。厂商 Z 生产中间投入品 B，出售给其他企业生产出制成品 2。现在厂商 Y 实施了垂直分离化，将生产投入品 B 出售给厂商 Z，自己专门生产中间投入品 C。经过这一个变化过程之后，厂商 Z 的地位得到了加强，从一个在原先产业链中是一个一般厂商同时在产业链外面临着强有力的竞争的企业便成为一个既是买方垄断又是卖方垄断的企业。这实际上对原先并不占优势的企业如何谋取较好的地位或者较为合理的利润提供了一个有益的参考，即随着跨国公司垂直分离化的实施，一个企业有可能通过合适的市场定位以较小的代价实现自身地位的提高，从而避免陷入悲惨的命运。

5.2.2　生产性服务业在全球范围内迅速崛起

跨国公司垂直分离化加快了服务产品生产的对外转移，不仅推动了服务外包的发展，带动了服务经济的发展，还从总体上推动了生产性服务业在全球范围内的迅速崛起，优化了全球生产结构。基于功能的视角，服务业分为分销性服务业（distributive service）、生产性服务业（producer service）、消费性服务业（consumer service）及社会公共服务业。其中，生产者服务是指那些为其他商品和服务的生产用作中间投入的服务。与其他最终消费品行业不同，生产性服务业天生就具有中间投入性强、产业关联性强的本质特征。生产性服务业脱胎于制造业，又带有服务业的特性，因而对制造业和服务业也都具有较强的正向关联性，在经济发展的实际进程中，生产性服务业往往承担起实物生产和服务生产的媒介，是被其他企业用作生产商品或提供新的其他服务的生产投入和为了创造更大价值的中间性消费，贯穿于企业生产过程的上游、中游和下游的诸多环节。在跨国公司垂直分离化的驱使下，生产性服务业逐步成为全球价值链中主要增值点和盈利点，因此正在成为跨国公司在全球范围内新一轮产业布局调整的新热点，推动了生产性服务业在全球范围的迅速崛起，在全球产业构成中占据了越来越重要的地位，主要表现为以下几个方面。一是在服务经济崛起中占据着显著地位。服务经济的崛起开始于20世纪60年代，到70年代末，美国、日本、英国、法国等世界主要发达国家服务业增加值占区域增加值的比重就达到了70%，创造了大量的GDP增长和就业的增长。但是，在整个服务业发展的过程中，生产性服务业发展势头更猛，增长速度更快。毕斗斗（2009）对发达国家生产性服务业增加值比重增长趋势和生产性服务业增加值的比重与人均国民收入增长的情况进行了定量分析（见表5-7）。从中可以看出，发达国家生产服务业增加值占GDP的比重每年都似有所上升，增长率大约在0.02%~0.06%之间。

表5-7　部分发达国家生产性服务业的增加值比重变动　单位：%

国家	比重	国家	比重
美国	0.035	英国	0.022
日本	0.053	意大利	0.033
德国	0.031	法国	0.059

资料来源：毕斗斗．生产服务业发展研究［M］．北京：经济科学出版社，2009.

如果从生产性服务业增加值对人均GDP影响的程度看，生产性服务业在各地区产业结构中所占地位不断上升的趋势表现得更为明显。

从表5－8中可以看到，在日本、英国、法国等发达国家生产性服务业的发展对本国人均GDP的影响在各行业中是最重要的。意大利、美国生产性服务业的发展对人均GDP的影响虽然没有日本、英国那样大，但仍然比非制造业的其他部门所起的作用大。

表5－8　六个发达国家产业部门增加值比重变动对人均GDP影响程度排序

国家	农业	制造业	非制造业	生产服务业	消费服务及政府服务
美国	4	1	5	3	2
日本	5	2	3	1	4
德国	5	2	1	4	3
英国	5	2	3	1	4
意大利	4	1	3	2	5
法国	5	2	3	1	5

资料来源：毕斗斗．生产服务业发展研究［M］．北京：经济科学出版社，2009.

5.3　跨国公司垂直分离化促进了R&D投资全球化

“科学技术是第一生产力”。正是由于科学技术的极端重要性，很多国家和地区均高度重视科技的跨国转移。传统经济学也认为，企业要想维持长期的垄断优势，就必须对R&D环节进行控制。跨国公司对海外R&D活动，尤其是核心的、基础的R&D活动，进行严格的限制。只有在为了服务当地生产或者销售网络的条件下才可以允许海外R&D活动，而且这时的海外R&D活动，只能围绕低层次的工艺展开，以从根本上保证跨国公司或者发达国家的技术优势。

跨国公司垂直分离化的实施对这一形势有所改观，主要表现有两点。一是不同的跨国公司的核心优势各不相同，不是所有的跨国公司均是本行业内高新技术的拥有者。例如，戴尔电脑作为一家著名的计算机企业，其核心优势在于其生产网络和市场的认知程度。这些企业一旦出现生产环节的剥离，就会引起研发部门的跨国公司转移。二是很多生产环节和相应的研发部门关联性较为密切，跨国公司基于协调成本、接近市场等方面的考虑，存在 R&D 活动对外转移的可能性。皮尔斯（1989）认为跨国公司海外 R&D 分支机构在全球范围内的分布受到两种力量的相互影响。一种力量是出于降低生产成本、获取和控制东道国的 R&D 资源，配合当地子公司生产等，这种力量是一种离心力，使跨国公司 R&D 获取趋于分散。另一种力量是出于追规模经济、便于内部交流、保护技术秘密等方面的考虑，这是一种向心力，使跨国公司的 R&D 活动区域集中。跨国公司实施垂直分离化的过程实质就是构建新型跨国生产网络的过程，表面上看表现为生产链条的对外转移，但实质上是跨国公司对产业链非所有权控制形成的过程。从法律关系上看跨国公司对外转移了有关 R&D 部门的所有权，但在经济联系方面依然保持着严格的控制能力。基于这方面的考虑，随着跨国公司垂直分离化举措的实施，跨国公司有可能在依然保证对 R&D 活动控制的前提下推动 R&D 活动在全球范围内重新配置。发展思路的转变对 R&D 活动的全球化进程产生了推动作用。

作为结果，近年来发达国家海外研发投资持续增强，虽然在发展程度上依然落后于生产和营销的国际化，根据皮尔斯（1999）的调查，从 20 世纪 80 年代中后期开始美国、日本等国家和地区明显加快了在外研发投资机构设立的进程。美国在 1986 年后的 13 年里在英国设立的研发机构数量是过去 20 年的总和。而日本在英国设立的研发机构更是远远超过了此前几十年的总和。

5.4　跨国公司垂直分离化增强了全球经济增长波动的风险

经济增长风险是经济全球化的必然产物之一。跨国公司垂直分离化的发展促进了全球产业分工进一步深化，使全球的商品、技术、信息等生产要素在世界范围内更大规模及更大程度上流动和配置。受此影响，企业跨国间的生产经营活动日益增多，不同国家间进一步相互渗透、相互融合并由此变得更加相互依存。跨国公司垂直分离化的发展已经成为经济全球化在新时期的新表现形式。由于跨国公司垂直分离化使企业内部各部门之间的生产协作转化为企业间或者不同经济组织间的生产协作，全球经济增长在更大程度上受到信息不对称、市场不确定及政治、经济等各种因素的影响。随着跨国公司生产体系的变动，全球产业发展的脆弱性和经济增长波动的风险性也进一步显现。

5.4.1 跨国公司垂直分离化推动了全球供应链的发展

在经济全球化、信息技术网络化和电子商务技术蓬勃发展的新的历史条件下，跨国公司生产体系变革导致的一个必然结果就是企业供应链的全球化运营。也就是说，一个产品的生产活动由原来的企业内、区域内的分工转变为现在的全球范围内的分工。产品的生产与供应系统逐步转变为渗透到世界各个角落的巨大网络。在这种供应网络中，供应链的成员遍及全球，无论是原材料的获取还是半成品的配送销售乃至信息的沟通都在全球范围内进行。这一转变的直接后果就是使全球供应链获得了进一步的发展。在全球供应链的新模式下，跨国公司面向全球的需求市场、供应市场和物流服务市场，在全球范围内选择合适的供货商、物流服务商、销售商和最终消费群体。产品的生产过程，包括设计、研发、制造、销售、售后服务等各个环节开始向国外延伸。跨国公司垂直分离化的发展使越来越多的国家卷入到全球供应链之中来，推动了生产一体化和经济全球化的进一步发展。由于电子产品模块化程度发展较高、生产可分性较强，我们以苹果第五代产品 ipod 零部件的生产与供应系统来说明其全球供应链的广度。ipod 是美国苹果公司在 2005 年推出的一款具有歌曲播放功能的数码电子音乐产品，该产品一经推出，即在全球范围内获得了很大的成功，甚至在一定程度上改变了苹果公司的命运。其后，苹果公司与 ipod 紧紧地联系在一起，在 ipod 身上深深地刻上了苹果公司的名字。但苹果公司却不是 ipod 的实际制造者。准确地讲，世界上参与这一产品的生产和制造的企业多数不在美国，该产品的 451 个零部件中没有一个零部件是在美国苹果公司生产的（实际上美国苹果公司已经没有了自己的工厂）①。在 ipod 299 美元的总价值中，美国企业提供了价值 13 美元的芯片，但芯片的生产又不全部在美国完成，部分生产工厂分布于新加坡或者中国台湾；硬盘和显示器模块由日本东芝公司提供，价值共计约 93 美元，占 ipod 总价值的 1/3，但仅显示器模块是在日本生产的，硬盘是在中国生产的；存储器由韩国公司提供，在韩国生产；ipod 最终在中国组装。苹果公司在 ipod 的生产过程中实际上起着一个资源整合、统筹规划的作用。由此可见，ipod 的生产和供应已经逐步转化为一种无国界的经营。在本质上，全球化供应链与传统的供应链区别不大，但全球供应链覆盖的范围更广，构成更加复杂。在全球供应链的模式下，中间投入品的供应跨越了国界，分布于不同的国家和地区，为了保证生产的稳定，高效而稳定的国际物流成为企业经营的必要条件。此外，全球供应链将不同种族、不同国家和地区、不同文化的企业经营者连接在一起，文明的冲突、思想观念的差异、经济运行规则的不同对全球供应链的稳定性也提出了挑战。在这种情况下，受到不同国家、不同地区、不同民族的地域、语言、货币、文化、政治、法律乃至时差的影响，全球供应链的运作方式较本土供应链更为复杂，从而使全球供应链的稳定遭受到更多的风险和挑战。

5.4.2 部分国家产业空心化的情况更为严重

产业空心化是在经济全球化条件下随着国际产业转移不断发展而出现的一种经济现象。一般情况下是在发达国家或地区中随着对外投资和产业转移的不断进展，越来越多的企业将其生产经营基地转移到国外，仅在国内保留较少的生产环节或者总部机关甚至只是一个“空壳”。1982 年，布鲁斯和哈里逊（Bruce and Harrison）在《美国的脱工业化》一书中最早采用“产业空心化”的提法，认为产业空心化是在一国的基础生产能力方面出现了广泛的资本撤退②。日本学者高野邦彦认为产业空心化是以特定地

① 徐康宁，陈健．国际生产网络与新国际分工［J］．国际经济评论，2007（11 - 12）．

② B. Bruce & B Harrison. The Deindus Trialization of America［M］. Basic Books：New York，1982：98.

区为基础的特定产业的衰退，即新产业的发展不能弥补旧产业衰退而形成的极度萎缩①。随着经济国际化的发展，美国、日本等发达国家为了实现经济结构的调整和产业升级，纷纷将本国的夕阳产业转移到国外。美国从20世纪80年代开始提高利率，引起国内企业竞争力下降，为了降低生产成本，提高企业的竞争力，许多美国企业将生产基地转移到国外，从而引起第二产业在GDP中所占的比重不断下降，而第三产业在GDP中所占的比重持续上升。例如，在1980～2003年，美国第二产业在GDP中所占的比重从29.7%下降到18.5%，第三产业在GDP中所占的比重则从68%上升到80.5%②。日本在1985年“广场协议”之前，对外产业转移以纺织品等劳动密集型产业为主。“广场协议”以后，日元大幅度升值，严重削弱了化工、机械、电机等技术含量较高的产业的产品出口竞争力。在新的历史条件下，资本密集型和技术密集型产业对外转移的步伐大大加快。到21世纪初，不仅制造环节，电机产业、汽车产业、IT相关产业的设计和研发部门也开始向外转移。

跨国公司垂直分离化的发展对全球产业发展空心化的进程起到了促进作用。在垂直分离化的新趋势下，产业空心化的情况更加严重，主要表现在以下两个方面。首先，跨国公司生产体系的调整不仅进一步加快了各国对外产业转移的进程，使很多国家和地区的产业空心化程度得到恶化，还使空心化深化到产品生产环节中。在传统条件下，产业空心化一般表现为失去竞争优势的产业对外转移或者衰退，多为夕阳产业或者需要淘汰的产业。而随着跨国公司垂直分离化的发展，很多跨国公司仅仅保留一个产品生产链条的部分环节，而将其他的生产环节外包给其他国家的生产者或者通过对外投资的方式向外转移。这种调整不仅仅发生在落后产业或者夕阳产业中，很有可能将大量出现在垂直分离化发展较快的各个行业中，甚至是新兴产业中。产业空洞化也不仅仅是表现为一个国家的部分产业的缺失，很有可能成为各产业的存在方式。其次，跨国公司垂直分离化进一步

① 高野邦彦．关于“产业空心化”［J］．世界经济，1982（3）．

② 李燕，加媛媛．近20年来美国产业结构调整对中国在美投资的影响［J］．时代金融，2006（10）．

扩大了产业空洞化的地理范围。在传统国际产业转移中，由于发达国家和发展中国家经济发展水平不一，产业之间存在着较大的落差，这一时期的产业转移多表现为“发达国家—新兴经济体—发展中国家”这样一种梯次转移的顺序。因此，随着国际产业转移的发展，发达国家的产业不断转移出来，最终由发展中国家获得了这些产业。因此，随着国际产业转移，发达国家出现了产业的空心化，而发展中国家获得了产业升级的机遇。所以产业空心化往往在发达国家中出现①。但在跨国公司垂直分离化的影响下，情况开始发生变化。在新的产业分工中，一个国家和地区的企业往往根据自己的绝对竞争优势或者相对竞争优势确定自己的生产经营领域。在一些不具备竞争优势的环节或者竞争优势相对较低的环节，对外转移的可能性大大增强，不仅对发达国家是这样，对发展中国家也是如此。因此，随着跨国公司垂直分离化的实施，不仅发达国家需要对外转移生产环节，发展中国家也面临着“有所得，必有所失”的艰难选择。在这一趋势下，产业空心化将成为包括发达国家和发展中国家在内全球经济发展面临的共同问题。产业空心化对各国经济发展带来的重要影响就是产业发展的脆弱性。在跨国公司垂直分离化新趋势的影响下，很多国家不仅不能保留完整的产业发展体系，还有可能难以保证有完整的产品生产体系。任何一个国家都将作为全球生产体系的一个环节而存在，依赖于全球产业发展而发展，经济发展的独立性受到新的挑战。

5.4.3 全球产业链和产业空心化的发展放大了经济波动的风险

跨国公司垂直分离化的发展同时推动了全球产业链的发展和各国产业链空心化的发展，对全球经济增长的稳定性产生了“双刃剑”的作用。一方面，跨国公司生产体系的调整使企业可以在更大程度上和更大范围内配

① 这一时期发展中国家也会出现产业空心化的问题，但其出现的原因与发达国家的情况往往不同，如有的国家在产业发展的过程中，违背了产业发展的客观规律，采取了不恰当的措施或者制定不切实际的发展目标，盲目发展部分产业，妄图实现跨越式发展，使国民经济出现超工业化和过度服务化。

置资源，发挥全球优势就能性生产，有利于经济的增长；另一方面，全球产业链和产业空心化的发展又使单个国家抵御风险的能力大大降低，其中，前者增强了国际生产供应的不确定性，后者缩小了各国应对经济波动的活动空间。供应链内部的不确定性是供应链的客观属性之一，既包括上游供应的数量、质量的不确定性，又包括下游企业需求的不确定性，还包括企业生产经营过程中的不确定性以及供应链受到不可抗力影响而产生的供应链中断的不确定性。随着供应链在地理范围内的拓展，其不确定性将受到更多因素的影响，这是不以人的意志为转移的客观规律。因此，随着企业供应链向全球供应链的拓展，如何有效地化解供应链所面临的风险作为一个亟待解决的重要问题被提了出来。但产业空心化的发展，特别是空心化向产品生产链内的演进使各国产业构成趋于单一化，一旦产业链上游或下游出现问题，本国的产业发展必然受到重大影响。在国家间产业高度依存的情况下，各国化解经济波动风险的活动空间受到严重影响。所以，随着跨国公司垂直分离化的发展，各国经济联系日益紧密，一旦某个国家或地区的企业受到某种因素的影响，导致产业链的供应出现问题，经济波动就会从一个国家或地区沿着产业链向上游或者下游传导至许多国家或地区，甚至会演化为一场波及全球的经济波动。近年来，这一情形在国际经济发展现实中日益显现。例如，近年来由于美国大力发展服务业，推动制造业的诸多领域和环节对外转移，从而使美国的产业结构呈现出典型的“倒三角”结构特点，从上到下逐层递减①。大量的产品需求需要外部供应。由于虚拟经济所占比重过大，一旦出现问题，位于底层的制造业比重又过少，导致整个经济难以化解次级贷风险，导致美国金融危机的出现。这一危机又通过全球产业迅速影响到各个国家和地区，逐渐成为一场影响全球经济发展的经济波动。2011 年日本地震也使全球制造业中以日本为重要环节展开的产业受到了重大影响。在地震发生后，由于来自日本的零部件供应中断，4 月 13 日丰田公司称，欧洲的五家汽车和引擎工厂将从 4 月

① 马云泽，刘春辉. 美国产业空心化与金融危机［J］. 桂海论丛，2010（3）.

下旬开始停产[①]。芯片等其他行业的发展也受到了严重影响。在地震之初，日经 BP 社北京支局原局长原真司就撰文称此次日本地震将造成全球产业链严重断裂[②]。虽然当时有人质疑这一判断的可能性，但此后经济运行的实际证实了原真司的预测。

① 马煜婷．经济余震：日本与全球产业链［J］．经济，2011（5）．

② 被日本地震震翻的全球产业链［J］．变频器世界，2011（4）．

第6章

跨国公司垂直分离化对中国的影响及对策

中国是一个对外依存度较高的国家。经过四十多年的改革开放，我国已经与全球经济建立起了高度密切的连接。国际经济发展的趋势和方向，不可避免地将对我国经济发展产生重要而深远的影响。跨国公司垂直分离化的进展既对我国经济发展带来了重要机遇，也对我国产业升级、经济安全造成了严重影响。在对我国经济发展的有利方面，跨国公司垂直分离化举措的实施促进了国际产业分工的进一步发展，发达国家对我国转移生产环节，特别是先进生产力的增强，给我国以更快的速度和更高的质量促进产业升级带来利好。但是，由于我国经济发展还存着一系列的结构性问题，如制造业劳动生产率偏低、企业发展规模偏小、整体技术水平不高、能源消耗量偏大、产业结构层次偏低等问题迟迟没有解决，对我国如何更加积极有效地承接国际产业新转移形成挑战。一旦应对不当，有可能给我国产业结构调整带来制约，甚至形成低端产业的集聚，造成低端网络锁定，给我国经济发展带来严重制约。在跨国公司垂直分离的新形势下，我国应进一步转化发展观念，研究和探讨垂直分离范式下我国产

业整体发展、企业投资方向、产品开发营销、利益合理分配等重大问题的决策上往往受制于人，缺少足够的技术话语权和经营主动权。另外，目前我国加工贸易发展仍旧以利用我国劳动力成本优势为本质特征，加工项目大多处于“U”形曲线底端。虽然外资企业加工贸易额占据优势，但其增加值却普遍低于国有企业和全国平均数。随着跨国公司垂直分离化的发展，外商投资企业中普遍存在的“高进低出”、转移利润的倾向将进一步发展，强劳动、低利润的贫困型增长将成为新形势下我国加工贸易发展中迫切需要解决的重要问题。

跨国公司垂直分离化的发展还带动了服务外包在全球范围内的扩张，给我国对外贸易发展带来了新的增长点。但我国在有效承接服务业国际产业转移方面同样存在着许多迫切需要解决的重大问题，主要表现为：生产服务业结构层次严重偏低，交通运输仓储和邮电通信业等传统型生产部门的增加值占国民生产总值的比重远远高于金融保险、商务服务业等现代生产服务部门的增加值比重；生产服务业企业规模化经营程度较低、规模小，在国际上具有影响力的大企业不多；生产服务业专业人才严重不足。这些问题的存在严重制约了我国在承接服务业外包方面的质量和效益。

6.2 应对跨国公司垂直分离化新趋势的对策

面对跨国公司垂直分离化给我国经济发展带来的机遇和挑战，我国应当立足于主动调整，积极改善经济发展环境，补足经济发展的“短板”，推动经济的稳定、协调发展。

6.2.1 强化开放引领，提高对外开放的水平

1. 提高利用外资的质量和水平，加快利用外资的转型升级

招商引资是一个地区发展的永恒主题。但是如何招商引资、从什么地

方招商引资、吸引什么样的投资则随着时代的发展而变化。着眼于当前国际经济形势的深刻变化，应当着眼于增强利用外资的战略效应，转变利用外资的发展方式，提高利用外资的质量和水平。

（1）根据区域经济发展的需要调整和优化利用外资的产业结构。各地区应当紧密围绕国际产业转移的最新趋势和本地区实际，大力推进战略性新兴产业利用外资，通过与新兴产业优势国家和地区的合作，引导外资投向新一代信息技术、生物医药、新能源、节能环保、高端制造、高新技术、海洋开发等产业，加快新产品的研发、应用和产业化。借鉴制造业发展的成功经验，积极参与服务业全球化，在稳步扩大金融、物流等生产性服务业利用外资的基础上，加快科技信息、文化旅游、咨询服务、商业会展等现代服务业利用外资的步伐。

（2）着眼于扩大外资的溢出效应，调整利用外资的主体结构。加强与大型跨国公司特别是世界500强企业和能够带动本地区经济发展的龙头企业的合作，重点引进一批对区域现有产业关联度高、辐射力大、带动作用强的战略性投资项目。通过完善服务机制，鼓励跨国公司在本地区设立地区总部、研发中心、采购中心、财务管理中心、结算中心、利润核算中心和培训中心，强化对国际会计、国际审计、国际税务、国际法律服务等功能性机构建设。优先鼓励境外投资者与企业开展合资合作，带动现有企业共同发展。

（3）抢抓国际产业专业新机遇，突出发展服务外包。主动承接国际服务外包产业转移，加快引进一批国际服务外包领军企业、高端人才，重点培育发展软件开发、数据分析管理、医药研发、金融后台服务等产业，支持示范城市和示范基地公共技术平台、信息服务平台建设。通过设立“区中园”的方式，打造一批服务外包基地。

（4）围绕国际资本流动最新趋势，创新利用外资方式。利用外资方式转型升级是各地区利用外资转型中遇到的新问题。应当充分利用国家鼓励发展私募基金、创投基金、投资性公司的有利时机，大力引进境外各类投资基金，特别是鼓励外资采取合资、合作的方式设立融资性担保机构，支持外资在本地区内设立投资性公司、融资租赁公司和股权投资基金。充分利用国际经济变化带来的新机遇，支持符合条件的企业根据国家产业发展方向和自身发展需要境外上市，利用好资本市场。鼓励外商以参股并购的方式参与国内企业的改组改造和兼并重组，优化配置存量企业资源，吸纳外资搭载的各项优质资源，促进产业结构优化升级。

2. 提升外贸核心竞争力，加快外贸发展方式转型升级

在巩固和发展外贸传统优势的同时，加快培育以技术、品牌、质量、服务为核心竞争力的新优势，推动外贸发展从规模扩张型向质量效益型转变，提升企业在全球产业分工中的地位。

(1) 继续实施科技兴贸战略，提高企业对外贸易的科技含量。采取措施，引导企业加大产品研发力度、技术创新投入，鼓励有条件的企业建设实验室、研发中心，鼓励产学研横向联合，开发具有自主产权的产品；加快轻工、纺织等传统产业的技术改造，大力培育一批机电、轻工、纺织服装、农产品、化工、医药等出口产品创新基地，提高出口产品的科技含量；重点支持高新技术企业的发展，推进高新技术企业的集群化发展。充分利用当前国家重视和鼓励进口的有利时机，把有关技术引进支持政策向引进消化吸收再创新各个环节延伸，支持国内企业引进国外专利和关键核心技术、关键设备和零部件，促进企业的技术设备提高。

(2) 引导对外贸易转型升级，提高企业参与国际竞争的综合效益。积极引导企业强化品牌意识，完善品牌促进、推介、保护的政策措施，创新自主出口品牌培育机制，鼓励企业自创品牌和以各种方式并购、租用国际知名品牌，充分利用品牌的力量扩大国际市场份额。在采取措施帮助企业延伸进出口贸易链条的基础上，积极引导企业向产品生产链条的两端延伸，鼓励企业延伸到原始生产供应端，增强对进口产品的价格、供应稳定性的掌控力。支持企业在国际目标市场上并购或自创国际营销渠道，掌握销售的主动权。鼓励加工贸易企业从加工组装向研发、设计、核心元器件制造、物流等环节升级，推动加工贸易的转型升级。

3. 抢抓国际形势变动带来的机遇，加快对外投资合作的转型升级

抓住国际金融危机以来投资空间增大、投资成本低的有利时机，加快

"走出去"的步伐，形成参与经济全球化的新平台。

（1）建立健全产业对外转移的有效机制。根据企业的具体实际，制定对外投资产业导向目录，重点发展以下三类产业对外转移。一是加快富余产能的产业特别是受国家宏观调控影响较大的高耗能、资源型产业和出口规模大、受贸易摩擦冲击较重的劳动密集型产业向东南亚、非洲、拉美、中东欧等经济互补性强、市场潜力大的国家转移。二是加快对现有技术成熟、具有较强国际竞争力、国际市场需求大的产业或优势产业向海外转移，特别是纺织服装、机械设备、轻工家电、化工建材、食品医药等"走出去"，以获取更大的发展空间。三是积极投资能够满足经济社会发展迫切需要的产业，特别是现代服务业、高端技术产业等，以获得经济发展急需的高端技术、营销网络等。

（2）加快培育本地区的跨国公司。以培育具有国际竞争力的跨国公司为重点，鼓励和支持更多的企业在跨国经营中发展壮大。加强对企业"走出去"的分类指导，鼓励和支持有条件的国有、集体、民营、外资、股份制等企业积极有效地参与国际经济技术合作。引导大中企业，特别是钢铁、电力、煤矿、冶金、化工、造纸及橡胶等行业的国有大型企业制定全球发展战略，增强"走出去"的主动性和积极性。进一步加大对民营企业、股份制企业"走出去"的支持力度，帮助其解决"走出去"遇到的困难和问题。通过横向联合、相互投资、成立联盟等手段，提高其核心竞争力。

6.2.2 建立产业攀升机制，构建现代产业体系

产业持续升级是各地区发展的重要内容和永恒主题。应抓住国际金融危机以来世界生产体系调整的有利时机，调整优化区域生产布局，确定不同产业升级的发展方向和政策思路，完善区域产业不断优化攀升的新机制，力争形成区域产业自我优化提升的新格局。

1. 推动战略性新兴产业集群化发展

顺应当前国际产业转移的最新发展趋势，紧紧抓住国家转方式、调结

构，高度重视战略性新兴产业发展的机遇，加强规划，高起点发展战略性新兴产业。支持各级主体设立新兴产业研发、设计、创业和孵化中心。加快建设一批战略性新兴产业发展基地，引导战略性新兴产业走“高起点规划、集群化发展”的道路，避免传统制造业发展过程中出现的“各地产业雷同、内耗严重”问题。各地区应当在对自身优势进行认真仔细的SWOT分析的前提下，在坚持错位发展的基础上，规划建设一批创新能力强、企业环境好、特色突出的战略性新兴产业发展基地，引导技术、人才、资金、重大项目向产业基地聚居，形成产业集群。

2. 推进先进制造业向基地化方向发展

优先发展壮大先进设备制造业，调整优化原材料工业，改造提升消费品工业。重点培养一批中高档纺织产业、品牌服装、交通运输及专用设备产业集群。加大企业技术改造步伐，运用高技术和先进适用技术改造提升制造业，提高自主知识产权、自主品牌和高端产品的比重，提高企业的工艺、技术和装备水平，增强新产品开发能力和品牌创建能力。合理引导企业兼并重组，发展拥有国际知名品牌和核心竞争力的大中型企业，推动中小企业专业化分工协作，提高产业集中度和集约集聚发展，逐步将先进制造业升级为高技术含量、高附加值、高成长性的高端产业集群。

3. 大力推进现代服务业和现代海洋产业向品牌化方向发展

现代服务业和现代海洋产业是我国大力发展而且潜力巨大、增长空间极为广阔的两大领域。各地区在上述两大产业发展上应当立足现有的产业基础和优势，争取在特定领域内精心规划，走专业化、品牌化发展道路，打造一批在国内具有较高影响力和在国际市场具有一定知名度的地区品牌。在现代服务业领域，要充分发挥本地区的制造业优势，重点发展现代物流、研发设计、金融服务、科技服务、信息服务、知识产权、咨询等生产型服务业，尽快形成制造业和生产型服务业互相促进的新格局。适应未来信息化发展的新形势，未雨绸缪，高起点发展电子商务、互联网产业、5G网络服务等新兴服务业。东部沿海地区还应高度重视培植壮大海洋优势产业，特别是海洋高技术产业，如海洋生物医药、海洋设备制造、海洋新材料、海洋新能源、海水综合利用、海洋生态环保产业等领域的深度开发，抢占未来海洋经济发展的制高点。

6.2.3 重视经济园区发展，打造对外经济合作平台

1. 强化观念创新，树立与时俱进的经济园区转型升级观

思想观念创新是经济园区创新的前提。“世事如棋局，善弈者谋势”，只有在充分了解和把握世界经济发展规律与经济园区发展趋势的基础上，超前思考，谋划长远，才能使经济园区发展充满后劲和活力。面对经济全球化浪潮的冲击和国际金融危机所带来的机遇与挑战，经济园区的发展应该全面贯彻科学发展观的要求，树立正确的发展观，以此推动现有园区的转型发展。在国际生产网络化、协作化、一体化的新形势下，经济园区转型升级在总体思路上应当突出以下几方面的转变。

一是推动经济园区从引领增长到引领发展转变。自改革开放以来，经济园区一直在经济增长中承担着动力引擎和改革开放试验平台的作用。经济园区通过吸引大量的投资，对推动经济总量迅速扩张起到了重要作用。但是这一增长主要依赖于要素投入的持续增加，各经济园区普遍通过廉价的土地和廉价劳动力，吸引国内外的大型公司投资或者建立生产型企业。因此，在过去 20 多年间，经济园区的发展基本上呈现出“量的扩张多于质的提高”的发展特征。在当前国际竞争加剧、国内资源供应有限的条件下，这种发展模式越来越难以为继。在未来的发展中，经济园区在发展模式上应突出以下两个方面的思想和观念。

在空间扩展上由外延式扩张转向内涵式发展。目前，由于国家更加坚定地执行 18 亿亩耕地保护政策，各经济园区发展空间受到严重局限，使以“数量增长、规模扩张、空间拓展”为主要特征的园区外延式扩张之路受到限制。在新形势下，经济园区应当更加重视“结构优化、质量提高”，通过加快改革，激发更多活力，进而提高园区的竞争力。

在园区发展动力上由要素推动向科技创新推动转化。通过要素投入的持续增加来推动经济总量的扩大，是多年来中国经济增长方式的主要特点。由于经济园区特殊的角色定位，这一问题在经济园区发展过程中表现得更为明显。随着经济园区建设的不断发展，土地资源日益紧张。在国家严格执行基本农田保护政策的条件下，经济园区内可提供的土地资源日益紧张。劳动力资源也由于劳动力数量的紧缺和劳动者薪酬水平的提高而变得趋于短缺。在过去的20多年中对经济园区发展作出重要推动作用的生产要素投入在以后的发展中所占的比重将逐渐下降。在新的形势下，经济园区转型升级首先应更加注重坚持培育以自主创新和提升人力资本为基础的新优势。通过机制创新、知识创新、技术创新、管理创新，推动各经济园区形成持久的竞争优势。

二是推动经济园区从土地开发向产业开发、功能开发转型。在经济园区建设的初始时期，土地是园区管理部门唯一的资本投入。土地开发就成为这一阶段经济园区发展的主要内容。目前，经济园区的发展已经基本上完成了这一任务，主要表现为可出让土地供应日益紧张，单位面积土地的投资强度已经达到工业聚集区的基本要求；多数经济园区具有了相对明确的专业化发展方向，如以吸引具有高新技术的企业为主要特色的高新技术开发区、以推动企业产品出口为主要功能的出口加工区、以现代工业为主导的工业园区等。近年来，随着经济园区自身产业的集聚和发展，以及国际金融危机爆发以来国际产业分工的进一步深化，从宏观产业导向上具备多种功能配套和支撑的要求日趋强烈，由单一的经济功能向多功能综合型经济园区转变将逐步变成多数经济园区的一种较优选择和发展趋势。如何进行有效的功能整合正在成为目前经济园区转型升级的重要内容。为此，应在经济园区发展的根本思路上加以调整，特别是加快现有经济园区的功能重构和功能重组。例如，支持有条件的出口加工区、保税物流园区升级为综合保税区，加大对海关特殊监管区的功能整合，加强功能配套，完善功能布局，进一步放大海关特殊监管区的政策效应，推进工业开发区、出口加工区、保税区和保税物流园区的功能叠加、资源共享与优势再造，拓展各类特殊功能区在保税、通关、物流、商品展示、服务贸易等方面的功能，使经济园区尽快成为实施国家区域发展战略的重要平台、发展战略性新兴产业的核心载体和推进高新技术自主创新的主要力量。随着经济园区发展功能定位的变化，经济园区的管理体制和管理模式也应相应地调整，特别是尽快探索引入治理机制、实现政府职能转变的实现方式。

三是推动经济园区产业发展从产业集中向产业耦合方向转型。产业问题是经济园区发展的核心问题，产业转型升级问题也是经济园区转型升级的重大问题。经过20多年的发展，经济园区基本上确立了相对明晰的产业发展重点，甚至部分经济园区已经形成了相对成熟的产业集群，例如，青岛经济技术开发区按照“大项目—产业链—产业集群—产业基地”的思路进行招商引资和项目建设，并已经培育形成了“家电电子、石油化工、造修船、海洋工程、汽车、港口物流”六大产业集群。但总体上看，目前经济园区建设中存在着区域定位雷同、园区内企业关联度差等问题。近年来，国际产业调整的步伐进一步加快，生产分工从产业分工向产品分工并进而向产品内分工转化，跨国公司的竞争优势发生变迁。只有在产品生产链条上、本企业具有核心竞争优势的关键点做大做强，才能使企业在市场上保持旺盛的竞争力。受此影响，一个经济园区也必须坚持“有所为，有所不为”的原则，通过转变观念，促进本园区内企业之间、本园区企业与区外企业之间建立起紧密的生产联系，提高产业耦合度，而不是仅仅将诸多企业集中在一起。“大而全”和“小而全”的区域经济发展思路越来越不适应当前全球经济的发展趋势。推动经济园区发展朝产业耦合的方向发展，主要包括以下两个方面的转变。一是进一步促进园区从总体开发向特色开发转型。在充分发挥本区域的产业优势、资源优势、专业市场和物流优势的基础上，通过科学规划、合理布局，围绕特定产业和特定生产环节进行招商引资，尽量打造在全国乃是全世界具有一定知名度的区域经济特色经济“名片”。二是注重实现与周边园区错位发展，实现有序分工、优势互补，相互配套和支持，推动形成分工有序、相互支撑、互补互促的产业发展格局，尽可能减少或消除不同区域间因产业同质化导致的无序竞争和内耗。

四是推动经济园区从孤岛经济向协同经济转化。传统经济园区的优势是在相对独立的环境下形成的，忽视了产业园区建设对城市化扩展的贡献，不仅导致了城市就业分布于居住分布的空间错位，而且带来了生产性投资比重偏高而生活性投资比重偏低的失调现象，在一定程度上各个经济园区成了一个“孤岛”①。作为经济对外开放的窗口和城市建设的前沿地带，经济园区建设的终极目标不仅仅是促进自身的经济发展与繁荣，而是应当实现区域整体共同发展。应进一步增强经济园区发展与所在母城发展规划的协调与统一。应当根据母城不同时期的发展战略部署和经济社会发展的实际需求，协调经济园区的功能定位、发展重点、产业布局，根据母城经济的需要，调整修编发展规划，把经济园区发展纳入母城土地利用规划、环境保护规划和城乡总体规划，调整自身的发展目标、功能定位、产业结构，实现经济园区与母城之间的协调、可持续发展，努力实现经济园区与母城之间建立起相互促进、良性循环的互动机制。

2. 创新体制机制，增强发展活力

作为经济发展的窗口和“试验田”，体制机制创新是经济园区的重要优势。在新形势下，仍应不断探索和改革经济园区的体制机制，才能使经济园区保持持久的动力和活力。

一是坚持“小政府大社会、小机构大服务”的方向，加快管理体制改革。继续发挥经济园区在体制创新方面先行先试的优势，大胆探索，勇于创新，根据本地区经济的发展需要，在一些重点领域和关键环节上加快改革。首先是根据发展水平的不同，采取不同模式，理顺经济园区与行政区之间的关系。在我国西部，特别是经济发展相对落后地区的经济园区，继续保持机构经济园区与行政区区政合一的管理体制，党工委、管委会、行政区多块牌子一套人马，通过发挥党政联席会议行政效率高的优势，解决在经济园区发展阶段面临的大量的拆迁、规划、基础设施建设等事务。在中部及符合条件的经济园区，应按照“集中精简、灵活高效、管理统一”的原则，逐步探索科学规范的大部门管理体制的实现方式，坚决撤并不需

① 郑力璇．试述中国开发区的转型与发展［J］．经济问题，2011（9）．

要单独设立的机构，压缩管理层次，下放管理权限，把资源配置交给市场，将生产经营还给企业，把大部分社会事务转给所在行政区、事业单位或者中介组织。对于东部经济发展水平较高、园区范围较大的经济园区，可以尝试建立“经济园区—多个行政区—产业”的管理模式，减少经济园区管委会的负担，使其能将工作重心转移到招商引资、招商引智、科学发展上来。其次是加快用人制度创新。尽快形成能者上庸者下、优胜劣汰的人员流动机制，构建以绩效为中心的多元化分配机制，充分调动管理人员干事创业的积极性和热情。

二是完善对经济园区的评价机制，优化经济园区发展的外部政策环境。进一步加强对经济园区发展的领导，将经济园区的发展纳入科学发展观的综合考核体系，在此基础上，提高对外贸易、利用外资和对外经济的考核权重。发挥考核评价激励作用和与之相衔接的财政扶持政策。加强对经济园区发展的规划、指导和协调，把经济园区的发展纳入当地的各类发展规划。在条件成熟的时候，及时更新《经济园区条例》，进一步明确经济园区管理部门的职责、权限以及财政收入的分成比例。研究出台经济园区动态考核体系和行政级别自我提升机制，对于达到规定条件的经济园区，给予园区本身以及主要领导人相应的行政待遇，以调动主要领导人干事创业的积极性和主动性。尽快改革经济园区的统计和评价机制。按照导向性、系统性和以人为本的原则，结合经济园区转型升级的发展方向，重新设计经济园区的考核指标体系，增加产业集聚能力、科技创新能力、可持续发展能力、社会贡献度、人力资本结构、GDP 增长与能耗关系、基础设施投入产出比等指标在考核中所占的权重，并进一步提高对经济园区考评结果的权威性，将考核结果与经济园区的扩区、升级紧密结合起来。

3. 建立健全政策扶持力度，引导生产要素向经济园区倾斜

在资金使用方面，建议将经济园区的公共设施建设纳入财政预算，予以重点支持。进一步加大财政引导资金规模，新兴产业、特色产业、人才引进、科技创新、技术改造、节能减排、环境保护等专项资金要向经济园区倾斜。完善土地指标分配体系，改变目前基本平均分配的格局，将土地

指标的分配同现有园区内的投资强度、单位面积的产出、单位面积的财政收入结合起来，引导土地指标的分配向经济园区倾斜，向发展较好的园区倾斜。恢复土地指标分配中的“点供”政策，对用地集约的国家鼓励类投资项目和列入省重点项目的建设用地指标优先供应土地，进一步提高集约型大项目落地的可能性。建立和完善经济园区资产运营管理机制，鼓励和引导各类资金参与经济园区建设，特别是加快设立担保公司、金融租赁公司、产业发展基金等金融机构，引导资金向经济园区倾斜。

6.2.4 转变资源利用方式，提高区域集约发展

随着经济的发展，资源对经济的制约越来越明显。转变资源利用方式，提高资源利用效率已经成为当前刻不容缓的事情。

1. 更加合理高效利用土地，提高区域土地利用效率

在发展规划上，应当做到“不求最大，但求最好”，通过进一步转变思想观念，摒弃建设大广场、宽马路、宽绿化带等追求气派的粗放利用土地的发展道路，加大土地节约集约利用。应进一步完善项目进入的标准。根据经济发展的实际，不断调整土地准入标准和容积率，较为发达的地区还应出台更高的标准，对欲进入项目从产业、投资、占地、建筑密度、生产工艺等各方面进行评估，切实保障土地的高质量利用增量。对于存量土地，应尽快出台措施，采取经济手段鼓励企业下大力气整合、盘活现有土地，鼓励企业通过建造多层标准厂房、企业零增地技改等方式，提高投资强度和利用效率。此外，还应尽快建立健全企业退出机制，在符合国家政策和法律制度的前提下，制定和完善企业退出的标准、程序及利益补偿办法，建立起生产用地流转长效机制。

2. 大力发展循环经济和生态经济，提高区域生产要素的使用效率

充分发挥先进地区产业集聚的优势，推动企业间的合作，促进资源循环利用产业链的形成，探索集中供热和废物集中利用的方式，以提高资源

的利用效率。认真贯彻落实国家关于节能、循环经济、新能源等方面的各项优惠政策，研究制定促进区域低碳发展的科技、产业、税收、金融、价格等政策和措施，限制高能耗、高水耗、高资源消耗和高污染行业的发展，并通过产业政策调整，鼓励高能耗、高排放企业增加自主创新能力，开发低碳技术和低碳产品。

6.2.5 提高区域自主创新能力，促进创新性区域建设

创新是一个民族进步的灵魂，是一个国家兴旺发达的源泉，对一个地区更是如此。近年来，特别是国际金融危机爆发以后，国际市场的竞争更加激烈，能否尽快推动区域从“中国制造”向“中国创造”转变，将长期影响区域转型升级的方向和速度。

1. 健全人才引进、使用的激励机制

通过出台专项基金等方式，引导企业积极引进建立博士后科研工作站、创新中心等，吸引更多的高层次技术研究人员向本地区汇集。实行“按知分配”的新政策，允许和鼓励技术、管理等生产要素参与利益分配，形成以业绩为取向的分配机制，将技术创新的实效和科技人员的收益挂钩，激励技术创新人员的工作热情。继续营造优秀人才能够脱颖而出的宽松的市场环境，强化市场配置人才资源的基础性作用，完善人才市场功能，推进人才资源的社会化管理，尽快形成公平、合理的人才竞争机制和人才流动机制。采取措施鼓励企业通过人才租赁制、合作制、产权股份制等多种方式，促进高端人才为本地区发展提供智力支持。

2. 加快面向行业的技术开发基地和区域科技孵化器建设

在不改变现有资源配置的基础上，充分利用现有资源加快面向本区域企业的技术开发基地建设。积极鼓励和支持有条件的机构在企业化经营的基础上，加快建设本地区普遍共享的、开放式的技术开发基地。积极搭建强化服务功能、丰富服务手段并能够整合配置资源的科技企业加速器，积

极引导中小企业对接高新技术产业化项目，围绕项目实施主体，培育一批“专精新特”的中小企业，形成高新技术企业产业专业化配套，以大带小、以小促大的大中小企业协同发展格局，坚实技术开发基地和本区域科技孵化器发展的基础。

3. 多渠道筹集资金，增加创新的资金支持

各地区管理部门应当根据区域发展实际，加大投入。引导企业进一步提高认识，自觉加大对技术创新的投入。积极拓宽融资渠道，通过发行债券、证券等方式吸引社会资金参与本区域创新。结合本地区经济实际，鼓励和发展面向企业的资本市场，建立健全风险投资机制。

4. 优化资源配置，促进产学研结合

大力拓展以项目和课题为纽带，共建试验基地、工程研究中心或技术开发中心。积极引导高等院校、科研机构发挥自身学科门类齐全、人才密集、科研基础雄厚的优势，帮助企业进行技术咨询、技术诊断或对企业技术人员进行知识更新、与企业联合培养技术创新人才，尝试组建政府背景的新兴产业组织参与国家重大科技专项课题。进一步推动重大科技专项经费列支间接费用改革，构建跨行业新兴产业联盟。

5. 加强法制建设，健全技术创新法律保障体系

当务之急是加强知识产权的法律保护。在我国目前知识产权法律体系尚不健全的情况下，应积极借鉴发达国家和先进省市的先进经验，针对实际，制定和完善有关知识产权的地方法规、暂行条例，同时加强执法，制止侵权行为，保障知识产权发明人和设计者的合法权益，为企业创新营造一个公平的环境。

6.2.6 实施协同发展战略，建立良性循环的互动机制

顺应经济发展区域网络化的新趋势，引导各地区发展走上产业整合和

协同互动的轨道，通过发挥不同地区的集聚、辐射、带动作用，用新的思维促进区域内外各种资源的优化配置。通过协作，降低本地区的经济、社会和自然成本，提高区域的竞争实力。

1. 通过实施产业促进战略，大力加强本地区内企业之间的经济联系和分工协作

在充分调研分析的基础上，确立本地区的主导产业，积极引导具有技术条件的其他企业围绕主导产业展开配套。在招商引资的过程中，应紧密围绕壮大和发展主导产业展开。

2. 进一步发挥本地区内企业的溢出效应，推动本地区企业间建立起紧密的联系

顺应网络经济条件的要求，进一步促进本地区内生产网络与本地区外生产网络的构建与互动，促进两大网络的融合。特别是进一步协调本地区发展战略、产业规划，做好本地区和周边经济区域的功能衔接，建立起相互促进、良性循环的互动机制。

6.2.7 营造可持续发展的环境，为我国承接新型产业转移提供有力支持

发展环境建设是承接国际产业转移的重要内容。在区域建设的初期，环境建设以基础设施建设为主，包括机场、港口、铁路、公路、供电、供水、信息和通信设施等，以及生态建设、环境治理、城乡建设等方面的工作。随着国际形势的发展，我国发展的环境支撑方面也被赋予了新的内容。目前，重点加快以下几方面体系的建设，使之在承接跨国公司垂直分离新形势下产业转移的过程中发挥更大的作用。

1. 提高行政效率和服务水平，营造良好的行政服务环境

一是应加快审批制度改革，进一步简化投资项目审批程序，压缩审

批时间，把有关投资的行政审批事项均列入一站式窗口服务、一条龙高效行政管理之中，提高审批效率。二是应减少办事程序和办事环节，提高政府部门的工作效率。加强海关、商检、税务、银行等部门之间的合作，加快现代物流设施建设，改进通关作业模式，进一步提高进出口货物的通过速度。三是积极推进“电子政务”，抓紧建立以政府办公业务网、政府公众信息网、政府电子信息资源库为框架的政府信息网，有关招商引资的信息、政策介绍和咨询、行政审批事项、与企业的沟通联系等尽可能通过网上解决，并逐步试行招商引资网上审批。四是积极运用网络等现代科技手段，构筑称心的社会化服务平台，公布政策信息，建立与外企畅通的联系渠道，保证外资企业的信息获取权。五是全面实行收费许可和公示制，推行水、电、燃料等公用事业价格听证制度，建立成本约束机制，切实减轻企业负担，增强政府行为的公信力。六是进一步建立健全宏观调控体系。应继续完善监管市场的各种经济指标体系，加强对市场经济信息的收集、整理和分析，提高对市场经济预测的准确度；提高政府对市场的监管能力，加大政府对市场行为的监管力度；建立健全政府的宏观经济调控体系，完善各种经济调控手段，加强经济和社会发展的协调，建立多渠道、多层次的社会利益协调机制，全面促进社会稳定发展和进步。

2. 营造优越的人才环境，为承接跨国公司产业转移提供智力支持

针对目前我国人才结构不合理的现象，应进一步加快教育体制改革，大力发展专业技术教育。尽快调整教育结构，引导高校更新课程内容，将企业急需的技术、管理、对外经贸、法律、金融、财会等人才纳入人才发展规划，大力培养复合型、国际型人才；以项目管理人员的培训为重点，加强岗位职业培训，全面推进职业资格证书制度，建立职业资格标准体系，提高从业人员水平特别是高层管理人员的业务水平，提高经营队伍的整体素质；加快企业人事制度改革，尽快建立起合理、高效的人才引进、培养、使用、选拔机制，为提高企业人员素质创造条件；积极引进人才，鼓励和吸引海外留学人员回国创业，鼓励人才机构走出国

门，到海外招贤纳才；加强国内人力资源的保护，防止发生人才流失所造成的巨大损害。

3. 健全社会信用体系

通过宣传、教育、典型示范等多种方式，强化信用观念、信用意识、信用道德的宣传教育，形成“以讲信用为荣，不讲信用为耻”的社会意识。建立健全信用评级制度和信用评估体系，将扰乱市场经济秩序的行为置于强大的社会舆论监督之下。充分发挥财政、审计、金融等相关政府部门现有的监督系统的作用，在实现监控信息的互通互联的基础上，建立综合的企业信用风险预警、传递、管控机制。建立健全守信激励和失信惩罚机制。定期发布失信行为黑名单，对发生故意不履行法定义务、以破产为名逃废债务等严重失信行为且拒不改正的企业，向社会公布，并限制其法定代表人和负责人的相关登记行为，提高企业非法退出市场的违法成本。对那些有轻微失信行为，开辟“信用修复”渠道，允许其通过履行注销程序申请信用修复，解除对其警示限制，引导企业自我修复信用。大力发展诚信中介结构，对部门、单位和个人的信用资料进行搜集、整理和储存，建立覆盖广泛的信用信息库，健全社会征信体系。建立科学、严谨的个人信用档案，运用合理的评估方法，强化个人信用制约，创造自觉维护个人信用的氛围。

4. 完善网络化信息服务体系

随着现代通信技术的革新和国际形势的发展，网络化信息服务系统的建设已经成为当前亟待解决的问题。首先，加快资讯信息体系建设。按照“整合、共享、服务、创新”的基本思路，逐步建立一个资源开放、社会参与的咨询信息收集、发布体系，对关于企业发展的国家政策动态、行业热点新闻、全球形势追踪、企业重大信息发布、商贸和产业经济环境数据、政策调整等内容进行全面介绍，并可根据特定客户的需求进行个性化服务，为企业与员工、管理部门与企业之间建立起信息交流的平台。其次，加快科技服务体系的建设。鼓励多种经济成分共同参与科技服务平台的建设，根据区域发展特征优化科技服务模式，进一步促进科技平台的结构优化、功能提升和升级上档，围绕服务区域主导产业的发展，鼓励高校、科研院所与企业共建产业共性服务平台，打造一批产业特色明显、创新产品领先、创新人才集聚的区域平台。

附录

附表 1　2014 年国家间跨国采购数值表

单位：亿美元

	澳大利亚	奥地利	比利时	保加利亚	巴西	加拿大	瑞士	中国	塞浦路斯	捷克	德国	丹麦	西班牙	爱沙尼亚	芬兰
澳大利亚		1. 57	5. 92	1. 85	15. 33	7. 98	7. 85	707. 93	0. 04	1. 28	10. 67	2. 51	5. 11	0. 06	0. 80
奥地利	5. 53		19. 14	5. 46	7. 68	12. 84	68. 04	35. 42	0. 78	41. 19	425. 41	6. 31	19. 70	0. 80	6. 33
比利时	16. 86	24. 50		3. 52	17. 13	9. 71	60. 27	60. 61	1. 21	22. 53	438. 28	23. 81	57. 53	1. 88	15. 99
保加利亚	0. 18	5. 73	13. 99		0. 21	0. 40	1. 31	7. 52	0. 44	2. 98	18. 36	1. 26	4. 06	0. 17	1. 29
巴西	6. 97	2. 51	18. 68	1. 85		28. 59	3. 00	370. 41	0. 16	0. 58	55. 29	7. 28	28. 15	0. 29	5. 07
加拿大	12. 95	2. 57	18. 84	1. 27	14. 50		6. 57	135. 00	0. 19	1. 11	27. 08	2. 83	10. 51	0. 24	4. 46
瑞士	14. 46	41. 26	61. 88	1. 22	14. 35	34. 51		46. 39	1. 23	10. 18	285. 62	15. 89	39. 72	1. 11	8. 72
中国	233. 85	20. 93	75. 25	4. 48	204. 84	251. 34	34. 22		2. 12	57. 24	418. 31	38. 31	93. 03	6. 70	48. 18
塞浦路斯	0. 04	0. 63	1. 46	0. 32	0. 00	0. 11	0. 36	0. 07		0. 80	1. 84	5. 23	0. 17	1. 12	0. 06
捷克	1. 98	50. 67	36. 24	3. 86	3. 26	3. 13	12. 13	19. 23	0. 46		307. 87	9. 28	21. 29	1. 20	5. 95
德国	52. 64	490. 63	281. 41	21. 85	108. 97	82. 39	367. 38	573. 08	3. 31	321. 49		174. 05	282. 61	12. 79	99. 53
丹麦	4. 64	4. 45	14. 01	1. 23	6. 93	6. 76	8. 89	42. 31	0. 22	4. 74	91. 53		11. 84	1. 62	26. 56
西班牙	9. 42	12. 30	53. 36	25. 83	33. 54	14. 73	25. 76	30. 80	1. 26	14. 22	172. 34	13. 49		0. 72	7. 68
爱沙尼亚	0. 79	0. 86	1. 91	0. 29	0. 33	0. 50	1. 78	1. 11	0. 37	0. 40	5. 87	3. 26	1. 94		17. 54
芬兰	5. 17	5. 38	18. 92	0. 40	4. 45	8. 13	6. 72	33. 65	0. 38	3. 00	75. 85	13. 85	11. 25	14. 32	
法国	20. 40	33. 34	259. 11	5. 96	59. 81	42. 18	91. 81	161. 38	2. 23	38. 46	551. 69	32. 92	341. 43	1. 54	17. 82
英国	44. 06	21. 38	145. 69	3. 97	27. 30	130. 91	113. 39	133. 93	4. 03	20. 96	356. 92	61. 39	70. 60	2. 05	25. 64
希腊	0. 63	1. 49	4. 14	9. 36	0. 39	0. 71	2. 32	3. 43	4. 28	0. 74	11. 86	1. 18	4. 12	0. 10	0. 74
克罗地亚	0. 20	8. 75	4. 69	0. 62	0. 12	0. 29	1. 72	0. 70	0. 08	1. 26	11. 79	1. 04	0. 99	0. 04	0. 27
匈牙利	1. 65	41. 57	12. 25	3. 70	2. 45	1. 87	7. 81	12. 24	0. 27	26. 19	184. 38	4. 60	17. 75	1. 77	2. 92
印度尼西亚	44. 81	0. 61	3. 95	0. 51	21. 68	7. 76	0. 80	172. 69	0. 07	0. 82	21. 08	1. 97	18. 16	0. 62	0. 77

续表

	澳大利亚	奥地利	比利时	保加利亚	巴西	加拿大	瑞士	中国	塞浦路斯	捷克	德国	丹麦	西班牙	爱沙尼亚	芬兰
印度	16.86	3.02	20.86	1.77	54.24	14.64	8.23	109.17	0.71	3.86	55.13	8.34	17.46	0.39	8.62
爱尔兰	7.31	7.34	51.05	0.79	8.33	14.20	86.62	27.07	0.14	5.42	80.95	14.23	26.62	0.30	8.72
意大利	25.18	69.85	60.36	12.92	41.33	29.36	131.22	70.97	2.39	39.24	455.89	28.03	163.47	2.88	15.99
日本	66.67	6.61	25.51	0.51	37.89	68.39	13.90	841.70	0.04	10.45	123.95	3.85	11.89	0.42	3.25
韩国	67.46	4.68	10.89	0.83	82.08	34.33	3.32	1160.14	0.25	17.07	62.14	4.03	14.48	0.73	3.64
立陶宛	0.34	1.94	3.89	0.18	0.14	1.68	1.11	1.08	0.07	1.61	15.65	7.25	1.81	5.81	2.79
卢森堡	0.45	13.58	47.90	1.21	0.24	1.64	39.61	4.04	3.81	4.51	81.72	5.64	7.90	0.60	2.98
拉脱维亚	0.04	1.08	1.72	0.10	0.02	0.30	3.86	0.71	0.57	0.54	6.56	4.27	2.11	7.03	2.59
墨西哥	7.53	0.88	8.30	0.10	29.58	93.05	6.60	43.63	0.02	1.84	16.79	1.21	60.27	0.06	0.61
马耳他	0.05	3.88	2.00	0.42	0.10	0.56	1.24	0.26	0.93	1.43	1.33	2.00	0.12	0.46	0.16
荷兰	18.08	28.41	382.41	2.79	33.12	19.38	52.23	92.34	1.36	30.35	1179.93	38.88	70.85	4.94	30.90
挪威	3.04	3.07	42.31	0.32	29.95	19.58	2.59	26.24	0.12	1.39	186.41	58.30	43.44	1.71	28.79
波兰	3.61	32.23	49.35	4.51	4.66	13.58	21.20	22.12	0.95	97.92	398.10	34.40	32.36	9.60	15.81
葡萄牙	1.24	2.44	15.48	0.72	11.32	2.68	4.56	3.75	0.13	2.32	33.16	2.07	79.72	0.20	1.85
罗马尼亚	0.43	21.68	18.21	10.98	1.51	2.84	5.95	5.64	0.57	7.06	86.38	3.45	11.76	0.82	1.19
俄罗斯	10.42	51.50	49.15	6.69	18.32	34.37	76.93	296.26	5.85	51.64	264.25	9.08	41.57	6.80	61.78
斯洛伐克	1.96	30.32	8.94	1.19	0.77	0.79	4.23	3.37	0.17	59.34	101.00	3.00	6.70	0.25	1.27
斯洛文尼亚	0.50	19.96	4.64	0.75	0.40	0.43	3.97	1.38	0.14	4.09	36.81	1.56	2.10	0.10	0.47
瑞典	11.22	15.82	48.10	1.15	14.98	9.20	20.61	40.13	0.94	9.75	145.78	121.70	22.69	10.66	84.62
土耳其	5.12	9.55	22.40	17.21	13.58	15.04	7.31	28.06	0.03	7.81	124.04	7.30	36.08	0.81	3.20
美国	144.49	32.39	230.96	3.72	292.23	1877.40	89.71	664.52	0.84	20.05	507.35	56.49	68.89	1.53	44.57

续表

	法国	英国	希腊	克罗地亚	匈牙利	印度尼西亚	印度	爱尔兰	意大利	日本	韩国	立陶宛	卢森堡	拉脱维亚	墨西哥
澳大利亚	10.00	23.36	0.29	0.04	0.21	52.79	74.61	1.79	6.67	421.41	145.47	0.06	0.63	0.04	3.52
奥地利	52.08	32.57	3.70	15.61	50.65	2.34	5.85	4.08	94.73	11.98	10.26	1.00	3.36	0.96	5.80
比利时	302.44	160.07	8.34	2.59	14.07	3.53	15.22	18.86	99.38	14.76	11.28	4.33	54.00	1.36	6.83
保加利亚	7.36	5.17	9.68	0.53	2.99	0.29	0.30	0.77	15.50	0.30	0.81	0.18	0.32	0.15	0.28
巴西	39.49	30.47	1.43	0.52	1.63	30.92	63.42	2.25	34.32	66.54	38.44	0.31	0.26	0.23	31.50
加拿大	54.10	99.43	1.30	0.29	1.66	9.75	15.43	9.67	24.34	107.96	39.75	0.18	1.90	0.21	61.71
瑞士	107.80	87.31	4.16	1.43	7.48	3.57	22.93	16.85	111.82	45.26	19.19	0.66	51.55	0.92	8.65
中国	217.11	220.10	10.84	2.71	42.38	216.27	251.99	20.32	143.11	674.42	742.35	3.99	3.52	2.75	216.53
塞浦路斯	0.52	2.02	2.66	0.07	1.03	0.01	0.01	0.34	2.16	0.01	0.02	0.12	0.60	0.13	0.00
捷克	46.20	36.60	1.08	2.60	36.38	1.86	3.28	3.35	34.11	4.48	4.07	1.71	2.01	0.99	4.36
德国	798.21	556.81	25.71	15.93	219.25	24.03	72.28	62.78	544.66	124.29	136.56	12.16	69.71	6.56	94.00
丹麦	27.84	62.59	1.81	0.78	15.43	2.14	6.55	5.02	13.16	19.43	8.72	2.25	2.67	2.00	3.29
西班牙	285.91	98.43	13.02	1.25	8.67	4.18	9.90	8.91	125.44	21.12	19.75	1.18	5.02	0.63	28.10
爱沙尼亚	1.90	3.52	0.23	0.04	0.44	0.02	0.51	0.41	1.23	1.01	0.80	3.08	0.52	6.90	0.56
芬兰	18.80	32.22	1.55	0.30	2.65	4.47	3.76	11.23	16.21	14.11	13.87	2.91	0.90	5.51	3.82
法国		364.40	11.79	2.40	29.19	16.00	26.65	42.49	293.86	51.13	45.04	1.91	50.25	1.34	23.68
英国	336.69		11.90	2.94	15.28	6.07	61.03	241.00	137.01	67.62	69.95	2.19	235.47	2.28	16.00
希腊	4.75	11.23		0.54	0.48	0.92	1.83	0.40	18.51	1.78	3.27	0.14	0.62	0.04	0.38
克罗地亚	2.59	3.29	1.58		4.85	0.25	0.06	0.48	14.78	0.16	0.10	0.04	0.47	0.04	0.12
匈牙利	26.04	27.63	1.83	6.16		0.29	1.04	5.20	39.71	2.27	3.55	0.85	3.10	0.59	4.61
印度尼西亚	8.45	8.96	0.96	0.14	0.75		75.36	0.90	18.51	198.19	89.99	0.18	0.11	0.23	8.33

续表

	法国	英国	希腊	克罗地亚	匈牙利	印度尼西亚	印度	爱尔兰	意大利	日本	韩国	立陶宛	卢森堡	拉脱维亚	墨西哥
印度	42.50	50.03	2.22	1.13	2.35	35.76		2.33	35.43	38.31	45.35	0.31	0.11	0.32	21.68
爱尔兰	42.76	166.98	2.98	0.52	5.13	0.95	2.78		45.83	14.31	12.01	0.31	31.51	0.46	10.97
意大利	410.52	174.39	24.14	16.84	35.80	10.01	22.71	27.49		35.95	40.01	3.81	23.53	1.93	31.05
日本	43.25	61.26	0.73	0.12	9.77	134.79	62.77	18.28	20.56		481.44	0.18	2.39	0.16	112.70
韩国	22.74	43.72	2.05	0.88	13.34	106.65	98.12	3.98	25.66	306.35		1.35	1.06	0.35	100.41
立陶宛	7.35	8.19	0.17	0.05	1.39	0.06	0.62	0.62	3.18	0.19	0.28		0.16	12.55	0.16
卢森堡	38.25	23.03	5.51	0.30	3.77	0.05	0.11	29.03	34.31	4.37	0.30	0.26		0.75	0.36
拉脱维亚	2.56	5.38	0.26	0.02	0.32	0.01	0.14	0.68	1.30	0.34	0.52	5.08	0.16		0.04
墨西哥	13.55	15.37	0.04	0.02	1.53	1.07	24.31	3.11	10.86	19.03	23.90	0.55	0.23	0.07	
马耳他	2.94	14.33	0.71	0.33	0.51	0.01	0.02	0.47	5.40	0.28	0.23	0.18	2.19	0.11	0.12
荷兰	324.74	302.66	7.96	2.34	21.99	7.51	15.09	112.86	226.03	17.08	19.86	2.75	11.36	2.67	12.11
挪威	112.56	243.11	2.14	0.23	1.05	1.68	3.56	11.63	14.41	14.26	16.68	5.50	5.23	1.14	1.92
波兰	77.79	75.00	3.37	2.55	36.69	1.16	3.68	10.26	64.74	6.15	9.57	13.72	4.72	6.62	5.04
葡萄牙	42.27	20.45	1.50	0.10	2.12	0.47	0.60	2.41	14.41	0.81	1.07	0.18	0.73	0.10	2.53
罗马尼亚	31.68	11.48	4.88	1.21	21.05	0.20	1.69	1.87	40.97	2.04	2.40	0.32	6.85	0.07	1.38
俄罗斯	62.56	81.96	11.58	7.87	11.26	11.50	29.34	16.65	125.70	207.69	69.80	36.73	6.38	11.69	4.68
斯洛伐克	15.63	20.72	0.64	1.34	30.42	0.05	0.18	2.95	20.80	0.39	1.86	0.98	1.33	0.45	0.72
斯洛文尼亚	7.36	3.61	0.45	10.35	6.27	0.07	0.65	0.56	22.70	0.28	0.77	0.20	0.70	0.09	0.55
瑞典	60.68	80.50	2.92	0.82	6.45	4.73	10.03	15.33	34.08	14.96	11.48	4.22	4.99	3.13	6.33
土耳其	49.90	47.40	11.31	1.67	7.79	10.28	10.84	3.21	61.94	3.20	5.51	1.12	0.90	0.72	6.43
美国	413.56	397.15	17.62	3.83	27.03	46.35	117.13	544.90	140.74	413.37	302.02	1.59	206.57	1.41	1361.59

续表

	马耳他	荷兰	挪威	波兰	葡萄牙	罗马尼亚	俄罗斯	斯洛伐克	斯洛文尼亚	瑞典	土耳其	美国
澳大利亚	0.02	6.19	1.38	3.89	0.14	0.10	1.59	0.38	0.28	2.92	6.34	52.75
奥地利	1.91	20.35	5.44	33.20	2.86	16.31	20.17	21.15	18.22	17.85	14.97	56.68
比利时	1.09	260.56	16.84	34.26	11.55	7.49	21.41	6.15	2.70	46.45	30.70	166.22
保加利亚	0.19	3.73	0.45	2.94	1.16	11.51	3.99	1.64	1.51	1.57	22.86	4.31
巴西	0.06	66.75	14.06	5.41	9.86	3.17	9.59	0.57	3.13	5.46	15.06	223.62
加拿大	2.97	15.34	20.38	2.64	1.20	2.15	6.11	1.58	0.16	7.88	4.83	2475.85
瑞士	0.60	85.85	8.66	13.75	4.79	2.62	27.07	2.83	1.86	9.10	9.26	170.20
中国	2.22	231.42	20.41	68.55	9.06	13.33	171.79	13.04	5.90	74.68	112.43	1302.43
塞浦路斯	10.75	1.29	0.10	1.56	0.05	0.58	3.39	0.20	0.09	0.96	0.00	0.76
捷克	0.40	20.70	4.04	59.82	2.86	9.95	31.61	73.53	4.43	14.25	11.42	26.19
德国	2.68	479.68	65.90	403.16	54.07	81.90	268.87	108.58	27.61	173.33	163.72	669.03
丹麦	0.55	22.46	55.72	20.37	1.92	1.66	11.09	1.68	0.66	88.53	7.64	36.69
西班牙	0.91	47.56	8.95	25.56	134.95	9.26	16.91	4.76	4.34	13.83	51.77	103.96
爱沙尼亚	0.19	2.18	7.86	1.94	0.23	0.14	9.92	0.25	0.10	19.08	0.37	2.84
芬兰	0.11	33.53	17.52	16.20	1.18	1.20	28.12	1.14	0.41	70.93	9.99	51.70
法国	3.04	178.28	35.16	62.07	36.35	24.08	59.85	23.92	4.99	52.80	63.70	300.19
英国	17.28	160.20	79.56	37.98	16.83	9.85	41.05	5.13	2.59	73.59	36.61	530.69
希腊	0.23	2.75	0.29	2.05	0.58	4.48	0.97	0.27	0.51	1.57	50.67	6.47
克罗地亚	0.23	1.73	1.28	1.29	0.18	0.95	0.69	1.07	9.55	2.13	0.95	2.01
匈牙利	0.06	17.52	2.27	25.29	1.66	34.67	8.44	27.08	5.03	9.01	8.28	22.11
印度尼西亚	0.03	28.45	0.82	3.15	0.83	0.66	6.15	0.20	0.74	0.95	17.57	72.74

续表

	马耳他	荷兰	挪威	波兰	葡萄牙	罗马尼亚	俄罗斯	斯洛伐克	斯洛文尼亚	瑞典	土耳其	美国
印度	0.44	27.30	2.81	7.97	4.34	1.81	11.92	0.63	1.01	9.75	58.70	214.95
爱尔兰	1.14	42.05	11.62	11.42	4.57	2.41	5.64	0.88	0.42	15.04	2.95	192.17
意大利	7.07	55.54	15.09	82.09	21.69	49.75	56.05	19.46	22.18	30.51	86.40	210.71
日本	0.18	51.07	7.42	9.08	2.17	1.72	39.54	2.80	0.53	6.07	15.76	612.28
韩国	0.88	31.59	5.20	27.79	2.61	4.32	85.08	31.88	6.01	5.47	60.20	446.27
立陶宛	0.01	8.59	6.78	12.83	0.56	0.39	12.36	0.57	0.82	6.51	0.85	11.05
卢森堡	21.98	31.22	3.92	4.63	4.16	1.21	6.07	1.16	0.84	11.48	0.93	2.23
拉脱维亚	0.10	2.19	3.88	2.88	0.10	0.10	6.58	0.21	0.37	6.42	0.57	0.93
墨西哥	0.03	5.48	0.98	1.54	0.39	0.72	1.75	0.38	0.07	0.72	4.91	1320.86
马耳他		2.35	3.65	1.13	0.05	3.22	0.25	0.48	0.14	4.61	0.89	0.49
荷兰	10.25		33.00	45.47	13.34	8.52	32.41	7.92	3.29	46.07	25.78	186.58
挪威	0.64	34.48		26.03	1.61	0.82	22.00	0.24	0.14	99.62	9.23	51.16
波兰	1.31	48.01	22.97		3.26	19.58	43.30	37.54	4.65	44.69	19.90	33.99
葡萄牙	0.14	10.53	2.40	2.97		1.83	1.02	0.88	0.20	4.20	4.96	19.99
罗马尼亚	0.27	10.47	1.63	8.45	1.29		8.01	4.31	1.80	5.15	17.94	13.77
俄罗斯	0.41	30.59	11.56	196.76	3.15	33.90		20.80	1.76	51.92	86.18	126.85
斯洛伐克	0.15	6.32	1.11	27.99	0.71	6.83	25.16		2.73	3.67	5.06	4.93
斯洛文尼亚	0.02	2.27	0.48	4.22	0.31	1.61	3.63	2.91		1.75	2.22	2.67
瑞典	4.46	61.24	142.03	30.67	4.38	2.52	19.57	2.84	1.08		12.83	73.44
土耳其	3.28	18.02	3.11	17.50	5.25	22.75	70.97	3.53	2.02	9.28		66.38
美国	3.06	365.38	44.45	29.91	11.12	8.82	33.54	6.17	2.04	87.48	58.95	

资料来源：根据 WIOD 国家间投入产出数据库数据计算。

附表 2　　WIOD 产业对照、归纳表

WIOD 产业	归纳类型
Crop and animal production, hunting and related service activities	农、林、牧、渔业
Forestry and logging	农、林、牧、渔业
Fishing and aquaculture	农、林、牧、渔业
Mining and quarrying	采矿业
Manufacture of food products, beverages and tobacco products	食品、饮料和烟草制品的制造
Manufacture of textiles, wearing apparel and leather products	纺织品、服装和皮革制品制造业
Manufacture of wood and of products of wood and cork, except furniture; manufacture of articles of straw and plaiting materials	其他制造业
Manufacture of paper and paper products	纸及纸制品制造业
Printing and reproduction of recorded media	印刷业和记录媒介的复制
Manufacture of coke and refined petroleum products	焦炭和精炼石油产品的制造
Manufacture of chemicals and chemical products	化学品及化学产品制造业
Manufacture of basic pharmaceutical products and pharmaceutical preparations	基本药品及制剂制造业
Manufacture of rubber and plastic products	橡胶及塑胶制品制造业
Manufacture of other non-metallic mineral products	其他制造业
Manufacture of basic metals	其他制造业
Manufacture of fabricated metal products, except machinery and equipment	金属制品制造业（机械及设备除外）
Manufacture of computer, electronic and optical products	计算机、电子和光学产品制造
Manufacture of electrical equipment	电气设备制造
Manufacture of machinery and equipment n. e. c.	未有于别处分类的机械及设备制造业
Manufacture of motor vehicles, trailers and semi-trailers	交通和运输设备制造业
Manufacture of other transport equipment	交通和运输设备制造业
Manufacture of furniture; other manufacturing	家具制造业
Repair and installation of machinery and equipment	其他制造业
Electricity, gas, steam and air conditioning supply	电力、热力、燃气及水的生产和供应业
Water collection, treatment and supply	电力、热力、燃气及水的生产和供应业

续表

WIOD 产业	归纳类型
Sewerage; waste collection, treatment and disposal activities; materials recovery; remediation activities and other waste management services	电力、热力、燃气及水的生产和供应业
Construction	建筑业
Wholesale and retail trade and repair of motor vehicles and motorcycles	批发和零售业
Wholesale trade, except of motor vehicles and motorcycles	批发和零售业
Retail trade, except of motor vehicles and motorcycles	批发和零售业
Land transport and transport via pipelines	交通运输、仓储和邮政业
Water transport	交通运输、仓储和邮政业
Air transport	交通运输、仓储和邮政业
Warehousing and support activities for transportation	交通运输、仓储和邮政业
Postal and courier activities	交通运输、仓储和邮政业
Accommodation and food service activities	住宿和餐饮业
Publishing activities	其他服务业
Motion picture, video and television programme production, sound recording and music publishing activities; programming and broadcasting activities	其他服务业
Telecommunications	信息传输、计算机服务和软件业
Computer programming, consultancy and related activities; information service activities	信息传输、计算机服务和软件业
Financial service activities, except insurance and pension funding	金融业
Insurance, reinsurance and pension funding, except compulsory social security	金融业
Activities auxiliary to financial services and insurance activities	金融业
Real estate activities	房地产业
Legal and accounting activities; activities of head offices; management consultancy activities	其他服务业
Architectural and engineering activities; technical testing and analysis	其他服务业
Scientific research and development	科学研究和发展

续表

WIOD 产业	归纳类型
Advertising and market research	其他服务业
Other professional, scientific and technical activities; veterinary activities	其他服务业
Administrative and support service activities	其他服务业
Public administration and defence; compulsory social security	其他服务业
Education	教育
Human health and social work activities	其他服务业
Other service activities	其他服务业
Activities of households as employers; undifferentiated goods- and services-producing activities of households for own use	其他服务业
Activities of extraterritorial organizations and bodies	其他服务业

参考文献

[1] 阿弗里德·马歇尔．经济学原理［M］．廉运杰译．北京：华夏出版社，2005.

[2] 安搏．价值链下战略联盟的博弈分析［J］．东岳论丛，2005（3）.

[3] 北京新华信商业风险管理公司．价值链管理［M］．北京：中国人民大学出版社，2004.

[4] 卜庆军，古赞歌和孙春晓．基于企业核心竞争力的产业链整合模式研究［J］．企业经济，2006（2）.

[5] 蔡宇．关于产业链理论架构与核心问题的思考［J］．统计与决策，2006（9）.

[6] 曹国华，谢灵．企业创新竞争的期权博弈行为分析［J］．财经科学，2007（1）.

[7] 曹虹剑，罗能生．高新技术产业组织模块化及其对中国的启示［J］．自然辩证法研究，2010（4）.

[8] 曹虹剑，张慧和刘茂松．产权治理新范式：模块化网络组织产权治理［J］．中国工业经济，2010（7）.

[9] 曹虹剑．网络经济时代模块化组织治理机制研究［M］．北京：经济科学出版社，2010.

[10] 陈菲．服务外包动因、对象及企业绩效之互动关系研究［J］．经济师，2007（1）.

[11] 陈菲．服务外包发展新趋势［J］．商讯商业经济文荟，2006（4）.

[12] 陈劲．R&V 非竞争性战略联盟：战略联盟的全新模式——基于绿盛集团和天畅公司的案例研究［J］．管理学报，2007（1）.

[13] 陈劲松．全球制造业垂直分离理论对我国制造业的影响与启示[J]．宜宾学院学报，2006（6）．

[14] 陈琳琳，唐春晖．垂直专业化对我国本土企业技术进步的影响研究[J]．企业活力，2011（7）．

[15] 陈硕颖．论模块化生产网络的治理结构[J]．福建论坛（人文社会科学版），2011（5）．

[16] 陈硕颖．模块化生产网络背景下的劳资关系研究[J]．教学与研究，2011（5）．

[17] 程进．对国际分工垂直分离化交易安排的制度分析[J]．国际经贸探索，2005（2）．

[18] 戴桂林．企业战略联盟的组建动因及策略取向探究[J]．经济与管理研究，2006（11）．

[19] 戴魁早．产业垂直专业化的驱动因素研究——基于中国高技术产业的实证检验[J]．财贸研究，2011（4）．

[20] 戴魁早．垂直分离、技术创新和生产率增长：基于中国高技术产业的实证[M]．北京：经济科学出版社，2011．

[21] 戴魁早．垂直专业化的工资增长效应——理论与中国高技术产业的经验分析[J]．中国工业经济，2011（3）．

[22] 戴魁早．交易费用、市场规模与产业垂直专业化——理论与中国高技术产业的经验分析[J]．暨南学报（哲学社会科学版），2011（6）．

[23] 戴魁早．中国高技术产业垂直专业化的生产率效应[J]．统计研究，2012（1）．

[24] 戴魁早．中国高技术产业垂直专业化的生产率效应[J]．中央财经大学学报，2011（7）．

[25] 戴魁早．中国高技术产业垂直专业化影响因素研究——基于各行业和各地区面板协整的实证检验[J]．财经研究，2011（5）．

[26] 丹尼尔·A. 雷恩．管理思想演变[M]．赵睿等译．北京：中国社会科学出版社，1997．

[27] 丁勇，刘婷婷．航空制造业的全球价值链分析[J]．天津大学

学报（社会科学版），2011（4）.

[28] 杜金沛，杨光兵．生物技术革命下的产业趋势与发展模式［J］．生态经济，2006（4）.

[29] 杜晓君．跨国公司外包趋势及我国对策［J］．沈阳干部学刊，2006（5）.

[30] 段延锋．从价值链分析看非核心业务外包［J］．科技情报开发与经济，2006（17）.

[31] 福克兰·奈特．风险、不确定性和利润［M］．王宇等译．北京：中国人民大学出版社，2005.

[32] 高宏伟，陈娜．基于模块化的产业技术发展模式［J］．沈阳工业大学学报（社会科学版），2010（2）.

[33] 高茜．跨国公司纵向逆一体化战略［J］．中国外资，2004（7）.

[34] 高越，高峰．垂直专业化分工及我国的分工地位［J］．国际贸易问题，2005（3）.

[35] 高越．中国参与垂直专业化程度的测度与分析［J］．统计与决策，2010（21）.

[36] 耿楠．金融危机向东亚生产网络的传导：基于垂直专业化角度的解释 优先出版［J］．当代经济管理，2011（7）.

[37] 郭炳南，刘霁雯和陈春林．垂直专业化分工与中国经济增长——基于一般贸易模式的比较［J］．云南财经大学学报，2011（2）.

[38] 郭炳南，魏润卿．国际垂直专业化分工与中国工业行业技术进步——基于 DEA 方法的面板数据分析［J］．经济问题探索，2011（11）.

[39] 郭曙光，王叶．知识型虚拟物流企业的模块化分层构建策略探讨［J］．商业时代，2011（16）.

[40] 郝斌，Anne-Marie Guerin．组织模块化对组织价值创新的影响：基于产品特性调节效应的实证研究［J］．南开管理评论，2011（2）.

[41] 郝斌，冯增田．模块化如何推动企业创新——基于文献回顾与理论构建研究［J］．科学学与科学技术管理，2011（2）.

[42] 郝斌，吴金南和刘石兰．模块化组织治理问题研究［J］．外国

经济与管理，2010 (5).

[43] 郝斌. 交易成本内部化与模块化组织边界变动 [J]. 商业经济与管理，2010 (1).

[44] 郝斌. 模块化创新企业间的价值吸收——以丰田汽车公司为例的分析 [J]. 科学学研究，2011 (1).

[45] 郝媛. 跨国公司纵向逆一体化趋势的理论与现实 [J]. 国际贸易问题，2001 (11).

[46] 何大军，巫景飞和芮明杰. 企业创新战略视角下产业模块化动力机制研究——基于计算机产业史的考察 [J]. 管理学报，2010 (2).

[47] 何红渠. 基于资源观的企业外包战略动因分析 [J]. 华东经济管理，2006 (11).

[48] 赫伯特·西蒙. 现代决策理论的基石 [M]. 杨砺，徐立译. 北京：北京经济学院出版社，1989.

[49] 洪联英，谢里，罗能生. 基于I-O法的中国制造业垂直分离测度研究 [J]. 统计研究，2006 (10).

[50] 侯仕军. 跨国公司模块化发展的整合性框架及启示 [J]. 商业经济与管理，2010 (3).

[51] 胡茂盛，李东. 模块化视角下的产业集聚与城市规模研究 [J]. 市场论坛，2010 (3).

[52] 胡业生，兰霞. 复杂科学视角下的垂直专业化分工研究 [J]. 宿州学院学报，2010 (9).

[53] 胡昭玲. 国际垂直专业化对发展中国家的影响与启示 [J]. 经济经纬，2006 (5).

[54] 黄波. 非一体化经营组织中战略联盟的均衡分析 [J]. 商业研究，2003 (8).

[55] 纪志坚. 企业资源外包程度及其影响因素研究 [J]. 科研管理，2007 (1).

[56] 季成. 国际生产网络的发展动因探析——国际垂直专业化分工与贸易的基础和动因研究综述 [J]. 商品与质量，2011 (2).

[57] 江若尘．论纵向一体战略联盟［J］．财贸研究，2001（2）．

[58] 姜文．网络组织的知识管理［M］．海口：海南出版社，2011．

[59] 金辉，杨帆．外部寻源［M］．北京：中国时代经济出版社，2005．

[60] 金玲．从模块化操作的视角看产业融合的分合效应［J］．商业经济，2010（10）．

[61] 金毓．从权边观念看网络经济时代企业组织的变革［J］．合作经济与科技，2004（10）．

[62] 金中坤，王卿．模块化组织间隐性知识流动影响因素的实证研究［J］．情报杂志，2010（9）．

[63] 荆林波．全球外包服务发展与风险规避［J］．中国科技投资，2007（1）．

[64] 柯颖，邬丽萍．模块化条件下的CAFTA价值网结网机理及其价值创造研究［J］．亚太经济，2010（6）．

[65] 柯颖，邬丽萍．汽车产业模块化创新模式与发展战略研究——以广西汽车产业为例［J］．科技进步与对策，2011（8）．

[66] 柯颖．我国模块化生产网络发展战略研究［J］．未来与发展，2010（12）．

[67] 克里斯·祖克．从核心扩张［M］．曾淯菁译．北京：中信出版社，2004．

[68] 李东红，周国祥．论跨国公司的垂直专业化发展［J］．经济问题探索，2003（1）．

[69] 李宏艳．基于FDI视角的垂直专业化研究：理论与来自中国的实证［M］．北京：北京理工大学出版社，2011．

[70] 李环英．企业战略联盟竞争优势的构建［J］．天津市经理学院学报，2006（6）．

[71] 李冀申，王慧娟．中国加工贸易国内增值链的定量分析［J］．财贸经济，2011（12）．

[72] 李世杰，李凯．产业集群的结构本质：模块化耦合［J］．学习与实践，2010（6）．

[73] 李未无，蔡敏．垂直专业化分工与就业研究评述［J］．经济问题探索，2011（8）．

[74] 李夏玲．国际垂直专业化与产业竞争力——基于工业行业面板数据分析［J］．特区经济，2011（8）．

[75] 李晓华．产业组织的垂直解体与网络化［J］．中国工业经济，2005（7）．

[76] 李晓华．垂直解体和网络范式下的企业成长［J］．南开管理评论，2006（5）．

[77] 李晓华．模块化、模块再整合与产业格局的重构——以“山寨”手机的崛起为例［J］．中国工业经济，2010（7）．

[78] 里昕，揭筱纹．我国产业纵向整合新形式：基于产业链的战略联盟［J］．求索，2006（12）．

[79] 梁运文，张帅．垂直专业化下中国制造业竞争力层次传导效应［J］．财经研究，2011（12）．

[80] 廖列法，张修志和陈志成．从局部占领到全局构建：模块化生产企业的升级路径［J］．科学学与科学技术管理，2010（10）．

[81] 林季红．跨国公司战略联盟新态势与国际生产折衷理论的局限［J］．经济管理，2006（13）．

[82] 林孝文．国际垂直专业化分工中利益分配非对称性与领导厂商的纵向控制［J］．中国经济问题，2010（6）．

[83] 刘彪文．模块化虚拟组织的成因及其超管理支持［J］．江西财经大学学报，2010（3）．

[84] 刘光祝，蒋桐．物流业模块化组织的知识流动研究［J］．商业时代，2011（27）．

[85] 刘利民，崔日明．我国各行业国际产品内贸易发展水平——基于垂直专业化指数法的测算［J］．国际经贸探索，2011（4）．

[86] 刘庆林．服务业外包的福利效应分析［J］．山东大学学报（哲学社会科学版），2006（4）．

[87] 刘庆林．服务业外包对印度产业结构影响的分析［J］．亚太经

济，2006（6）.

［88］刘庆林．印度承接服务业外包对其产业结构的影响及启示［J］．国际经济合作，2006（9）.

［89］刘伟丽，袁畅．深圳制造业垂直专业化程度分析［J］．特区经济，2010（9）.

［90］刘晓昶，刘志彪．论跨国公司的垂直专业化发展趋势——兼论中国企业的竞争战略［J］．江海学刊，2001（4）.

［91］刘晓宁．承接国际外包对我国的产业升级效用——基于制造业的分析［J］．科技和产业，2006（12）.

［92］刘妍．垂直专业化对我国本土企业创新能力影响研究［J］．商场现代化，2012（1）.

［93］刘英．模块化组织中核心企业能力特质模型研究［J］．财政研究，2011（2）.

［94］刘志彪，刘晓昶．垂直专业化：经济全球化中的贸易和生产模式［J］．经济理论与经济管理，2001（10）.

［95］刘志彪．全球化经济中的生产非一体化——基于江苏投入产出表的实证研究［J］．中国工业经济，2005（7）.

［96］马风涛，刘辉群．垂直专业化、出口商品复杂度与国内含量——基于中国工业部门的视角［J］．云南财经大学学报，2011（2）.

［97］马光秋．产品价值链中企业的核心——外围关系探析［J］．贵州财经学院学报，2011（5）.

［98］马光秋．企业生产组织方式的演进分析［J］．广州大学学报（社会科学版），2011（11）.

［99］马静静，刘峰．模块化时代下中国汽车零部件产业组织动态分析［J］．知识经济，2010（1）.

［100］马克思．资本论（第一卷）［M］．北京：人民出版社，1975.

［101］马士华等．基于BOM的模块化服务平台设计研究［J］．工业工程与管理，2011（2）.

［102］马香媛．基于核心能力的业务外包模型研究［J］．税务与经

济，2007（1）.

［103］满小莉，田也壮和裴学亮．模块化定制下竞争优先权与制造绩效关系研究［J］．运筹与管理，2010（1）.

［104］孟祺，隋杨．垂直专业化与全要素生产率——基于工业行业的面板数据分析［J］．山西财经大学学报，2010（1）.

［105］孟祺．垂直专业化对内资企业有技术溢出效应吗？［J］．科研管理，2010（4）.

［106］孟韬．网络视角下的产业集群组织研究［M］．北京：中国社会科学出版社，2009.

［107］欧阳桃花，杨晓莹和徐京悦．基于模块化架构的产品竞争力研究——以海信平板彩电为例［J］．管理案例研究与评论，2010（4）.

［108］欧志明，张建华，企业网络组织及其理论基础，华中科技大学学报（社会科学版），2001（3）.

［109］彭正银等．企业网络组织的异变与治理模式的适应性研究［M］．北京：经济科学出版社，2009.

［110］青木昌彦．企业的合作博弈理论［M］．郑江淮等译．北京：中国人民大学出版社，2005.

［111］邵晓峰．企业非核心业务的一体化供应管理［J］．软科学，2003（1）.

［112］邵晓峰．企业非核心业务管理的新趋势：一体化供应管理［J］．科学学与科学技术管理，2002（11）.

［113］宋宪萍．分工、陷阱与模块化［J］．云南社会科学，2010（1）.

［114］宋周．自营还是外包——透析当前我国企业 TPL 服务的选择难题［J］．生产力研究，2006（12）.

［115］苏楠．国际垂直专业化分工对中国进出口贸易结构的影响机制［J］．湖北经济学院学报（人文社会科学版），2010（11）.

［116］孙鳌．集群中企业的纵向分解［J］．经济经纬，2007（2）.

［117］孙敏，张珲和刘玉臣．模块化、平台化战略在摩托车产品开发中的应用（1）［J］．摩托车技术，2011（12）.

［118］孙少勤．模块化、生产非一体化与服务业外包［J］．东南大学学报（哲学社会科学版），2010（1）．

［119］覃巍．促进广西北部湾经济区模块化产业集群形成研究［J］．学术论坛，2010（9）．

［120］唐睿．从国际并购到战略联盟——关于跨国公司国际经营战略选择的探讨［J］．黑龙江对外经贸，2005（11）．

［121］陶海青．知识、认知网络与企业组织结构演化［M］．北京：中国社会科学出版社，2010．

［122］田东文，贾科华．分割生产、垂直专业化、FDI与企业异质性［J］．国际贸易问题，2010（9）．

［123］田堃．企业R&D外包问题研究：一个委托代理理论分析框架［J］．湖南科技大学学报（社会科学版），2007（1）．

［124］汪建萍，马红旗．我国制造业的垂直专业化水平与技术创新能力的关系——基于I-O和DEA分析方法［J］．农村经济与科技，2011（5）．

［125］王爱虎．广东省吸引跨国公司外包的工业投资环境研究［J］．国际经贸探索，2006（2）．

［126］王爱虎．中国吸引跨国外包的经济环境和政策研究［J］．经济研究，2006（8）．

［127］王常伟．跨国公司外包趋势及我国企业的对策探讨［J］．温州职业技术学院学报，2006（3）．

［128］王德建．模块化生产与中国地方产业集群升级研究［J］．东岳论丛，2010（12）．

［129］王丰．论生产全球化的新趋势——垂直专业化［J］．江苏商论，2005（5）．

［130］王凤彬等．产品开发组织超模块化及其对创新的影响——以丰田汽车为案例的研究［J］．中国工业经济，2011（2）．

［131］王海杰．模块化产业集群及其组织效率分析［J］．工业技术经济，2011（2）．

［132］王建军，乌仁图雅．模块化理论研究的现状及趋势［J］．煤炭

经济研究，2010（9）.

［133］王昆，廖涵．国际产业趋同与差异研究——来自非竞争型投入产出表的证据［J］．产业经济研究，2011（1）.

［134］王昆．垂直专业化、成本优势与产业竞争力［J］．兰州商学院学报，2010（5）.

［135］王昆．垂直专业化、价值增值与产业竞争力［J］．上海经济研究，2010（4）.

［136］王淑云．论企业核心业务的战略外包［J］．商业研究，2004（10）.

［137］王拓，马风涛．中国工业部门参与垂直专业化分工的实证研究［J］．燕山大学学报（哲学社会科学版），2011（4）.

［138］王晓立．企业业务外包的发展及合作方式研究［J］．内蒙古科技与经济，2007（1）.

［139］王颖，马风涛．出口贸易、国内能源含量与垂直专业化［J］．国际贸易问题，2011（10）.

［140］王中华，梁俊伟．垂直专业化、贸易增长与福利——基于中国工业行业数据的分析［J］．首都经济贸易大学学报，2011（4）.

［141］王中华，梁俊伟．中国参与国际垂直专业化分工的行业国际竞争力效应分析［J］．经济问题探索，2010（9）.

［142］温丽，薛继亮．基于模块化分工的农业产业发展研究［J］．安徽农业科学，2010（30）.

［143］温晓丽，付丽丽．老工业基地工业产业集群发展的路径选择——基于辽宁的调查与分析［J］．党政干部学刊，2011（8）.

［144］文东伟，冼国明．中国制造业的垂直专业化与出口增长［J］．经济学（季刊），2010（2）.

［145］文东伟．经济规模、技术创新与垂直专业化分工［J］．数量经济技术经济研究，2011（8）.

［146］吴福象．经济全球化中制造业垂直分离的研究［J］．财经科学，2005（3）.

［147］吴福象．跨国公司制造业垂直分离［M］．南京：南京大学出

版社，2009.

［148］吴群．集群供应链网络组织共治研究［M］．北京：经济管理出版社，2011.

［149］吴秀鹏，张春润和伊洪冰．组织模块化的研究综述［J］．中国管理信息化，2010（7）.

［150］武阳．印度服务外包发展的思考与借鉴［J］．对外经贸实务，2007（1）.

［151］夏辉，薛求知．服务型跨国公司模块化的演进及创新机理［J］．当代财经，2010（12）.

［152］夏辉，薛求知．服务业的模块化发展研究［J］．上海经济研究，2010（3）.

［153］夏辉，薛求知．论模块化在国际快递业服务流程中应用的可行性及具体路径——模块化应用领域新探索［J］．经济问题探索，2011（12）.

［154］夏天．企业战略联盟稳定性的动态博弈分析［J］．华侨大学学报（自然科学版），2007（1）.

［155］小艾尔弗雷德·D. 钱德勒．战略与结构——美国工业企业成长的若干篇章［M］．孟昕译．昆明：云南人民出版社，2002.

［156］肖文，殷宝庆．垂直专业化的技术进步效应——基于27个制造行业面板数据的实证分析［J］．科学学研究，2011（3）.

［157］肖文，殷宝庆．垂直专业化与我国制造业技术进步［J］．国际商务（对外经济贸易大学学报），2010（6）.

［158］谢光亚，林丽华．基于模块化的大型飞机技术创新路径研究［J］．工业技术经济，2011（1）.

［159］徐建敏．外包对服务贸易的影响及承接服务外包的策略［J］．经济与管理研究，2006（11）.

［160］徐敏．国内外关于垂直专业化研究的综述［J］．企业技术开发，2011（24）.

［161］徐文政，丁敬雯．模块化边际条件与我国企业模块化的动力机制［J］．现代经济探讨，2011（10）.

[162] 许芳．关于国际外包技术外溢效应的研究 [J]．内江科技，2006 (7).

[163] 许强，郑德叶．基于创新视角的模块化发展研究 [J]．科技管理研究，2012 (2).

[164] 薛莉，王中华．中国参与国际垂直专业化分工的工资收入差距效应——基于工业行业数据的实证分析 [J]．理论学刊，2010 (10).

[165] 杨淑云，余东华．模块化网络组织中竞争与合作的博弈分析 [J]．理论探讨，2010 (3).

[166] 杨忠敏．复杂产品系统模块化创新模式研究 [J]．商业时代，2011 (1).

[167] 姚苏秦，孙锐．产业集群模块化升级路径的依据 [J]．决策咨询通讯，2010 (1).

[168] 叶龙凤．垂直专业化分工对我国本土企业技术创新影响的实证研究 [J]．华东经济管理，2011 (1).

[169] 叶萌．中国制造业发展现状研究——基于垂直专业化分工分析 [J]．现代商贸工业，2011 (3).

[170] 叶迎．垂直专业化、贸易增长和收入分配不平等 [J]．改革与战略，2010 (7).

[171] 易振华．垂直专业化生产所有权选择动因探析——基于产权理论视角的研究及其在中国的实证分析 [J]．世界经济研究，2010 (5).

[172] 殷宝庆．国际垂直专业化与制造业工资水平变动 [J]．企业研究，2012 (2).

[173] 尤莉莉．企业制造外包的风险与防范分析 [J]．财经界 (下半月)，2006 (11).

[174] 于冰，董联桥．海外投资：英国模式带来的思考 [J]．国家电网，2011 (9).

[175] 于茂荐．基于资源位的产业模块化下企业应对战略研究 [J]．华东经济管理，2010 (9).

[176] 于明超，陈柳．垂直专业化与中国企业技术创新 [J]．当代经

济科学，2011（1）.

［177］于淑娟，范缜修．模块化组织技术创新及其风险控制［J］．生产力研究，2010（10）.

［178］余佳群．高新技术企业战略联盟的绩效评价［J］．辽宁工学院学报（社会科学版），2006（6）.

［179］余晓泓．创意产业集群模块化网络组织创新机制研究［J］．产经评论，2010（4）.

［180］余晓泓．基于模块化理论的创意产业集群组织模式和创新研究［J］．当代经济管理，2010（8）.

［181］约瑟·A. 汤姆森，A. J. 斯迪克兰迪．战略管理：概念与案例（第10版）［M］．段盛华，王智慧等译．北京：北京大学出版社，2000.

［182］臧新，李菡．垂直专业化与产业集聚的互动关系——基于中国制造行业样本的实证研究［J］．中国工业经济，2011（8）.

［183］臧旭恒，赵明亮．垂直专业化分工与劳动力市场就业结构——基于中国工业行业面板数据的分析［J］．中国工业经济，2011（6）.

［184］张春法．网络经济下企业组织的非一体化趋势与超契约治理［J］．世界经济与政治论坛，2005（2）.

［185］张明志，李敏．国际垂直专业化分工下的中国制造业产业升级及实证分析［J］．国际贸易问题，2011（1）.

［186］张卫国．关于非股权战略联盟边界问题的探讨［J］．科技进步与对策，2006（4）.

［187］张小凤，林孔团．模块化生产网络研究前沿探析［J］．石家庄经济学院学报，2010（5）.

［188］张亚斌，艾洪山．国际垂直专业化与工薪差距：理论研究与经验分析［J］．经济学动态，2010（6）.

［189］张玉柯．跨国公司离岸外包成因分析［J］．河北大学学报（哲学社会科学版），2006（6）.

［190］张媛．东亚地区垂直专业化在新背景下的探讨［J］．东方企业文化，2010（12）.

[191] 章帆. 分工协同网络与产业组织演进 [M]. 北京: 科学出版社, 2010.

[192] 赵爱英. 基于核心能力的战略联盟形成动因 [J]. 经济论坛, 2006 (24).

[193] 赵涤非. 跨国公司国际战略联盟合作伙伴选择的探索 [J]. 沈阳工业大学学报, 2006 (6).

[194] 赵海婷, 彭燕. 后危机时代全球价值链视角下我国中小企业产业集群升级研究 [J]. 企业经济, 2011 (12).

[195] 赵君. 我国承接国际服务业外包业务的思考 [J]. 环渤海经济瞭望, 2007 (1).

[196] 赵明亮, 臧旭恒. 垂直专业化分工测度及经济效应研究述评 [J]. 经济理论与经济管理, 2011 (9).

[197] 赵明亮, 臧旭恒. 垂直专业化分工与中国劳动力工资收入差距 [J]. 东岳论丛, 2011 (9).

[198] 赵志豪. 硅谷与128公路发展差异分析及其对我国的启示——基于模块化的思考 [J]. 消费导刊, 2010 (2).

[199] 郑春霞. 国际服务外包与我国服务贸易的发展 [J]. 对外经贸实务, 2006 (11).

[200] 郑力璇. 试述中国开发区的转型与发展 [J]. 经济问题, 2011 (9).

[201] 仲崇高, 王晓苏. 国际垂直专业化理论研究 [J]. 南京理工大学学报 (社会科学版), 2010 (1).

[202] 周春山, 高军波. 转型期中国城市公共服务设施供给模式及其形成机制研究 [J]. 地理科学, 2011 (3).

[203] 周军. 战略联盟是企业重组的重要途径 [J]. 滁州学院学报, 2006 (6).

[204] 周启运. 垂直专业化分工中生产与贸易的组织形式 [J]. 中南财经政法大学学报, 2011 (4).

[205] 周政, 陈健. 地区垂直专业化发展——行业和省份差异的比较

[J]. 电子科技大学学报（社科版），2011（4）.

[206] 朱艳玲. 模块化网络组织风险及其生成机理——以文献分析为视角 [J]. 企业导报，2010（11）.

[207] 朱正圻. 现代服务跨国外包 [M]. 上海：复旦大学出版社，2009.

[208] Adelman M. A. The Concept and Statistical Measurement of Vertical Integration, Business Concentration and Price Policy [M]. Princeton: Princeton University Press, 1955.

[209] Amighini, Alessia. China in the International Fragmentation of Production: Evidence from the ICT Industry [J]. The European Journal of Comparative Economics, 2005.

[210] Anderton, Bob and Paul Brenton. Outsourcing and Low-Skilled Workers in the UK. Mimeo [J]. National Institute of Economic and Social Research, London, 1997.

[211] Andress Stephan and Zhentang Zhang, Cost Structure, Market Structure and Outsourcing [DB/OL]. Working Paper, 2004, http://ideas.repec.org/p/ecj/ac2004/11.html.

[212] Antràs, Pol and Elhanan Helpman. Global Sourcing [J]. Journal of Political Economy, 2004.

[213] Antràs, Pol. Firms, Contracts, and Trade Structure [J]. Quarterly Journal of Economics, 2003.

[214] Arndt, Sven W. Globalization and the Open Economy [J]. North American Journal of Economics and Finance, 1997.

[215] Ashok D. Bardhan, Cynthia Krolly. The New Wave of Outsourcing [J]. University of California Berkeley, Fisher Center Research Reports, 2003.

[216] Balassa, Bela. Trade Liberalization among Industrial Countries [M]. New York: Mc Graw-Hill, 1967.

[217] Bonanno and Vickers. Vertical Separation [J]. Journal of Industrial Economics, Vol. 36, Issue 3, 1988.

[218] Campa, José and Linda S. Goldberg. The Evolving External Orientation of Manufacturing Industries: Evidence from Four Countries [J]. NBER Working Paper, No. 5919, 1997.

[219] Cem Karayalcin, Diego Méndez-Carbajo, Devashish Mitra, Economic (Dis) Integration in the Presence of Evolutionary Learning [J]. Journal of Evolutionary Economics, 2004.

[220] Chardler, A. D. Jr. Scale and Scope, Cambridge, Massachusetts [M]: Harvard University Press, 1990.

[221] Chen Hogan, Matthew Kondratowicz, Yi Kei-Mu. Vertical Specialization and Three Facts about U. S. International Trade [J]. North American Journal of Economics and Finance, Vol. 16, 2005.

[222] Chen, Yongmin, Jota Ishikawa and Yu Zhihao. Trade Liberalization and Strategic Outsourcing [J]. Journal of International Economics, 2004 (63).

[223] Cheng, Leonard and Henryk Kierzkowski. Ed. Globalization of Trade and Production in South-East Asia [J]. New York: Kluwer Academic Press, 2001.

[224] Deardorff, Alan. Fragmentation in Simple Trade Models [J]. Mimeo, University of Michigan, 1998.

[225] Dixit, Avinash K. and Gene M. Grossman. Trade and Protection with Multistage Production [J]. Review of Economic Studies, 1982, 49 (4).

[226] Elberfeld, Walter. Market Size and Vertical Integration: Stigler's Hypothesis Reconsidered [J]. Journal of Industrial Economics, Vol. 50, Issue 1, 2002.

[227] Feenstra, Robert C. and Barbara J. Spencer. Contractual versus Generic Outsourcing: The Role of Proximity [J]. Mimeo, University of British Columbia, 2005.

[228] Feenstra, Robert C. and Gordon H. Hanson. Ownership and Control in Outsourcing to China [J]. NBER Working paper, No. 10198, 2003.

[229] Feenstra, Robert C. and Gordon H. Hanson. Globalization, Out-

sourcing, and Wage Inequality [J]. American Economic Review, 1996 (86): 240-245.

[230] Feenstra, Robert C. and Gordon H. Hanson, Productivity Measurement and the Impact of Trade and Technology on Wages: Estimates for the U. S., 1972-1990 [J]. NBER Working Paper, No. 6052, 1997.

[231] Feenstra., Integration of Trade and Disintegration of Production in the Global Economy [J]. Journal of Economic Perspectives, Vol. 12, Issue 4, 1998.

[232] Findlay, Ronald. An Austrian Model of International Trade and Interest Rate Equalization [J]. Journal of Political Economy, 1978 (86).

[233] Fontenay Catherine C. De and Gans Joshua S. Can Vertical Integration by Monopsonist Harm Consumer Welfare? [J] International Journal of Industrial Organization, Vol. 22, Issue 6, 2004.

[234] Franco Malerba, Richard Nelson, Luigi Orsenigo and Sidney Winter. Vertical Integration and Dis-integration of Computer Firms: A History Friendly Model of the Co-evolution of the Computer and Semiconductor Industries [J]. Centro di Ricerca sui Processi di Innovazione e Internazionalizzazione (http://www.cespri.unibocconi.it), 2006.

[235] Gal-Or, Esther. Duopolistic Vertical Restraints [J]. European Economic Review, 1991, 35.

[236] Gal-Or, Esther. Vertical Integration or Separation of the Sales Function as Implied by Competitive Forces [J]. International Journal of Industrial Organization, Vol. 17, Issue 5, 1999.

[237] Gene M. Grossman, Elhanan Helpmans. Outsourcing in a Global Economy [J]. NBER Research Paper, No. 8278, 2002.

[238] Giuseppe Calabrese and Fabrizio Erbetta. Outsourcing and Firm Performance: Evidence from Italian Automotive Supplies [J]. Paper Presented at the 13th Annual Ipsera Conference Universtia di Catania, 2004.

[239] Glass, Amy J. and Kamal Saggi. Innovation and Wage Effects on

International Outsourcing [J]. European Economic Review, 2001 (45).

[240] Gordon H. Hanson, Raymond J. Mataloni, Jr. Matthew J. Slaughter. Vertical Production Network in Multinational Firms [J]. NBER Working Paper, No. 9723, 2003.

[241] Gordon, R. J. Does the "New Economy" Measure Up to the Great Invention of the Past? [J]. NBER Working Paper, 2000.

[242] Gordon, R. J. Technology and Economic Performance in the American Economy [J]. NBER Working Paper, 2000.

[243] Grossman and Helpman. Integration vs. Outsourcing in Industry Equilibrium [J]. Quarterly Journal of Economics, Vol. 117, Issue 1, 2002.

[244] Grossman and Helpman. Outsourcing in a Global Economy [J]. Review of Economic Studies, Vol. 72, Issue 1, 2005.

[245] Grossman Gene, Integration versus Outsourcing in Industry Equilibrium [J]. Quarterly Journal of Economics, 2002.

[246] Grossman S J. The Cost and Benefits of Ownership: A Theory of Vertical and Lateral Integration [J]. Journal of Political Economy, 1986.

[247] Grossman, Gene M. and Elhanan Helpman. Managerial Incentives and International Organization of Production [J]. Journal of International Economics, 2004 (63).

[248] Grossman, Gene M. and Helpman, Elhanan, Outsourcing Versus FDI in Industry Equilibrium [J], NBER Working Paper, No. 9300, 2002.

[249] Grossman, S. J. and Hart, O. D. The Cost and Benefits of Ownership: A Theory of Vertical and Lateral Integration [J]. Journal of Political Economy, 1986.

[250] Hakansson H. Evolution Processes in Industrial Networks [A]. In: Axelsson B, Easton G. Industrial Networks: A New View of Reality [M]. Routledge, 1992.

[251] Hakansson H. , Ford D. How Should Companies Interact in Business Network [J]. Journal of Business Research, 2002, 55.

[252] Harrigan, James and Rita A. Balaban. U. S. Wage Effects in General Equilibrium: The Effects of rices, Technology and Factor Supplies, 1963 – 1991 [J]. NBER Working Paper, No. 6981, 1999.

[253] Harrigan, James. International Trade and American Wages in General Equilibrium, 1967 – 1995 [J]. University of Chicago Press, 2000.

[254] Haskel, Jonathan E. and Matthew J. Slaughter. Trade Technology and U. K. Wage Inequality [J]. Economic Journal, 2001 (110).

[255] Head, Keith and John Ries. Offshore Production and Skill Upgrading by Japanese Manufacturing Firms. Mimeo [J]. University of British Columbia, 2000.

[256] Head, Keith, John Ries and Barbara J. Spencer. Vertical Networks and U. S. Auto Parts Exports: Is Japan Different? [J]. Journal of Economics and Management Strategy, 2004.

[257] Holger Görg, Aoife Hanley and Eric Strobl. Outsourcing, Foreign Ownership, Exporting and Productivity: An Empirical Investigation with Plant Level Data [J]. Research Paper, 2004, http://www.nottingham.ac.uk/economics/staff/details/holger_gorg.html.

[258] Holmes, Thomas J. Localization of Industry and Vertical Disintegration [J]. The Review of Economics and Statisitics, Vol. 81, Issue 2, 1999.

[259] Hsieh, Chang-Tai and Keong T. Woo. The Impact of Outsourcing to China on Hong Kong's Laborarket [J]. Mimeo, Princeton University, 1999.

[260] Hummels David Yi Kei- Mu Yi Kei- Mu. The Nature and Growth of Vertical Specialization in World Trade [J]. Journal of International Economics, 2001.

[261] Hummels, David, Dana Rapoport and Kei-Mu Yi. Vertical Specialization and the Changing Nature of World Trade [J]. Federal Reserve Bank of New York Economic Policy Review, 1998, 4 (2).

[262] Ishii, Jun, and Kei-Mu Yi. The Growth of World Trade [J]. Federal Reserve Bank of New York Research Paper, No. 9718, 1997.

[263] Ishii. Modularity: A Key Concept in Product Life-Cycle Engineering [M]. Handbook of Life-Cycle Engineering, 2002.

[264] Jabbour, Liza and JeanLouis Mucchielli. Technology Spillovers through Backward Linkages: The case of the Spanish Manufacturing Industry [J]. Cahiers dela MSE, 2004.

[265] Jabbour, Liza. Determinants of International Vertical Specialization and Implications on Technology Spillovers [J]. Presented at the 4th EUROPAEUM Economic Workshop, University of Bologna, 2005, http://www.dse.unibo.It/EUROPAEUM/jabbour.pdf

[266] Jansen, Jos. Coexistence of Strategic Vertical Separation and Integration [J]. International Journal of Industrial Organization, Vol. 21, Issue 5, 2003.

[267] Joao Mota and Luis M. De Castro. A Capabilities Perspective on the Evolution of Firm Boundaries: A Comparative Case Example from the Portuguese Moulds Industry [J]. In Journal of Management Studies, 2004 (41).

[268] Jones, Ronald W. and Henryk Kierzkowski. Horizontal Aspects of Vertical Fragmentation [J]. In Leonard, MA: Kluwer Academic Publishers, 2001.

[269] Jones, Ronald W. and Henryk Kierzkowski. Globalization and the Consequences of International Fragmentation [J]. Manuscript, University of Rochester and Graduate Institute of International Studies, Geneva, 1997.

[270] Kie, C. and Hynes, M. Where is the Disintegration? [J] Growth & Change, Vol. 27, Issue 1, 1996.

[271] Kim W. C., Mauborgne R. Value Innovation: The Strategic Logic of High Growth [J]. Harvard Business Review, 1997.

[272] Kimura F., Kato S., Hata T., Masuda T. Product Modularization For Parts In Inverse Manufacturing [J]. Cirp Annals, 2001.

[273] Kohler, Wilhelm. Aspects of International Fragmentation [J]. Economics Working Papers 2002—2008, Department of Economics, Johannes

Kepler University Linz, Austria, 2002.

[274] Krugman, Paul R, Growing World Trade: Causes and Consequences [C]. Brookings Papers on Economic Activity, 1995 (1): 327-377.

[275] Krugman, P. R. and Anthony, V. J. Globalization and the Inequality of Nations [J]. Quarterly Journal of Economics, Vol. 110, Issue 4, 1995.

[276] Levchenko, Andrei. Institutional Quality and International Trade [J]. IMF Working Paper, WP/04/231, 2004.

[277] Lin, Y. Joseph, Oligopoly and Vertical Integration: Note [J]. American Economic Review, 1988 (78).

[278] Lyons, Bruce R. and Sekkat, Khalid. Strategic Bargaining and Vertical Separation [J]. Journal of Industrial Economics, Vol. 39, Issue 5, 1991.

[279] Marin, Dalia and Thierry Verdier. Globalization and the Empowerment of Talent [J]. Centre for Economic Policy Research Discussion Paper, No. 4129, 2003.

[280] McLaren, John. Globalization and Vertical Structure [J]. American Economic Review, 2000, 90.

[281] Ordover, Saloner, Salop. Equilibrium Vertical Foreclosure [J]. American Economic Review, Vol. 80, Issue 1, 1990.

[282] Philippe Cyrenne, Vertical integration versus vertical separation: An equilibrium model [J]. Review of Industrial Organization, 1994.

[283] Productivity Measurement and the Impact of Trade and Technology on Wages: Estimates for the U. S., 1972-1990 [J]. Quarterly Journal of Economics, 1999, 114 (3).

[284] Riordan, Michael H. Anticompetitive Vertical Integration by a Dominant Firm [J]. American Economic Review, Vol. 88, Issue 5.

[285] Robert Feenstra, ed., The Impact of International Trade on Wages [J]. NBER and University of Chicago Press, 2000.

[286] Shiu-Wan Hung, Chyan Yang and Cheng-Few Lee. The Vertical Disintegration of Taiwan's Semiconductor Industries: Price and Non-Price Factors

[J]. Review of Pacific Basin Financial Markets and Policies, 2004.

[287] Spencer, Barbara J. and Larry Qiu. Keiretsu and Relationship Specific Investments: A Barrier to Trade? [J]. International Economic Review, 2001, 42 (4): 871 -901.

[288] Spencer, Barbara J. International Outsourcing and Incomplete Contracts [J]. NBER Working Paper, No. 11418, 2005.

[289] Sven W. and Henryk Kierzkowski, ed. Fragmentation: New Production Patterns in the World Economy [M]. Oxford: Oxford University Press, 2001.

[290] The Distributional Effects of International Fragmentation [J]. Germen Economic Review, 2003, 4 (1).

[291] Volker Mahnke, The Process of Vertical Dis-Integration: An Evolutionary Perspective on Outsourcing [J]. Journal of Management and Governance, 2001.

[292] Yeats, Alexander J. Just How Big is Global Production Sharing? [J]. In Arndt, Sven W. and Henryk Kierzkowski (eds.), Fragmentation: New Production Patterns in the World Economy [M]. Oxford: Oxford University Press, 2001.

[293] Yi Kei-Mu, Can Vertical Specialization Explain the Growth of World Trade? [J]. Journal of Political Economy, Vol. 111, No. 1, 2003.

[294] Zhang Yifan, Vertical Specialization of Firms: Evidence from China's Manufacturing Sector [J]. Working Paper, 2004.